Nudel Gerichte

Das Beste aus der ganzen Welt

Parragon

Bath · New York · Singapore · Hong Kong · Cologne · Delhi
Melbourne · Amsterdam · Johannesburg · Shenzhen

Realisation: Ivy Contract
Fotos: Charlie Paul

Parragon Books Ltd
Chartist House
15–17 Trim Street
Bath BA1 1HA, UK
www.parragon.com

Realisation der deutschen Ausgabe: trans texas publishing, Köln
Übersetzung: Melanie Schirdewahn, Köln u. a.
Lektorat: Writehouse, Köln
Satz: Jeanette Frieberg, Buchgestaltung | Mediendesign, Leipzig

ISBN: 978-1-4748-0323-6

Printed in China

Hinweis

Sofern die Schale von Zitrusfrüchten benötigt wird, verwenden Sie unbedingt unbehandelte Früchte. Sind Zutaten in Löffeln angegeben, ist immer ein gestrichener Löffel gemeint. Ein Teelöffel entspricht 5 ml, ein Esslöffel 15 ml.

Sofern nicht anders angegeben, wird Vollmilch (3,5 % Fett) verwendet. Es sollte stets frisch gemahlener schwarzer Pfeffer verarbeitet werden.

Bei Eiern und einzelnen Gemüsesorten, z. B. Kartoffeln, verwenden Sie mittelgroße Exemplare. Kinder, ältere Menschen, Schwangere, Kranke und Rekonvaleszenten sollten auf Gerichte mit rohen oder nur leicht gegarten Eiern verzichten.

Die angegebenen Zeiten können von den tatsächlichen leicht abweichen, da je nach verwendeter Zubereitungsmethode und vorhandenem Herdtyp Schwankungen auftreten.

Inhaltsverzeichnis

Einleitung

Einleitung

Wer liebt sie nicht, die italienische Pasta? Für ihre Popularität gibt es ja auch gute Gründe: Sie ist köstlich, preiswert, nahrhaft, schnell und einfach zuzubereiten und zudem verblüffend vielseitig und abwechslungsreich. Noch reizvoller wird sie durch ihre vielen verschiedenen Formen, Größen und Farben, die Erwachsene und Kinder gleichermaßen begeistern.

Welche Pastasorte Sie wählen, bleibt ganz Ihnen überlassen, und die Auswahl ist groß. Mindestens 200 verschiedene Formen soll es geben, und es werden stetig mehr. Gewisse ungeschriebene Gesetze bei der Wahl der Pastasorte gibt es aber schon: So werden Spaghetti klassischerweise mit Fleischbällchen oder einer reichhaltigen Bolognesesauce gereicht, Makkaroni in Aufläufen verarbeitet und Fettuccine Alfredo ganz schlicht mit Parmesan, Sahne und Petersilie kombiniert.

In dieser Reihe erhältlich:

Pasta zu kochen ist ein Kinderspiel – ein paar Dinge sollten Sie jedoch beherzigen. Zum einen sollte das Wasser sprudelnd kochen, wenn die Nudeln hineingegeben werden. Kurz den Deckel schließen, damit das Wasser rasch wieder aufkocht, und anschließend ohne Deckel weiterkochen. Zum anderen sollte Pasta nie zu weich, sondern al dente, also bissfest gekocht werden. Wenn Sie die Rezeptangaben und die Packungsanleitung befolgen und gegen Ende der Kochzeit mehrfach Garproben machen, kann nichts mehr schiefgehen. Echte Italiener werfen Pasta angeblich zur Garprobe an die Wand: Bleibt sie kleben, ist sie gar.

Frische Pasta selbst zuzubereiten ist gar nicht so schwer – probieren Sie es aus! Für den Alltag sind jedoch getrocknete Nudeln zu empfehlen, die sich gut lagern lassen. Legen Sie sich einen Vorrat an und überraschen Sie Freunde und Familie mit immer wieder neuen herrlichen Pastagerichten!

Suppen & Salate

Italienische Hühnersuppe

Suppen & Salate

Zutaten für 4 Personen

- 450 g Hähnchenbrustfilet, in dünne Streifen geschnitten
- 1,25 l Hühnerbrühe
- 150 g Crème double
- 120 g Vermicelli
- Salz und Pfeffer
- 1 EL Speisestärke
- 3 EL Milch
- 175 g Mais aus der Dose, abgetropft

So geht's

Das Hühnerfleisch in einen großen Topf geben, Hühnerbrühe und Crème double zufügen. Aufkochen, dann die Hitze reduzieren und das Ganze 20 Minuten köcheln lassen.

Unterdessen in einem großen Topf leicht gesalzenes Wasser aufkochen. Die Nudeln darin 8–10 Minuten al dente kochen. Abgießen, gut abtropfen lassen und warm halten.

Die Suppe mit Salz und Pfeffer abschmecken. Dann Speisestärke und Milch zu einer glatten Paste verrühren und in die Suppe einrühren. Mais und Nudeln zugeben und aufkochen. Die Suppe in vorgewärmte Suppenschalen füllen und servieren.

Bohnen-Nudel-Suppe

Suppen & Salate

Zutaten für 4 Personen

- 4 EL Olivenöl
- 1 Zwiebel, fein gehackt
- 1 Selleriestange, gehackt
- 1 Karotte, in Scheiben geschnitten
- 1 Lorbeerblatt
- 1,2 l Gemüsebrühe
- 400 g gehackte Tomaten aus der Dose
- 175 g Farfalle, Fusilli oder Muschelnudeln
- 400 g Cannellini-Bohnen aus der Dose, abgespült und abgetropft
- Salz und Pfeffer
- 200 g Spinat oder Mangold, in Streifen geschnitten, die Stängel entfernt
- 3–4 EL fein geriebener Parmesan, zum Garnieren

So geht's

Das Olivenöl in einem großen Topf erhitzen. Zwiebel, Sellerie und Karotte hineingeben und bei mittlerer Hitze unter gelegentlichem Rühren 8–10 Minuten weich dünsten. Lorbeerblatt, Brühe und gehackte Tomaten hinzugeben, dann alles zum Kochen bringen.

Die Hitze reduzieren, den Topf abdecken und das Ganze 15 Minuten köcheln lassen, bis das Gemüse gerade gar ist. Nudeln und Bohnen hinzugeben, dann die Suppe wieder zum Kochen bringen und 10 Minuten kochen, bis die Pasta gerade al dente ist. Ab und zu umrühren, damit die Nudeln nicht am Topfboden kleben.

Die Suppe mit Salz und Pfeffer abschmecken, den Spinat hinzugeben und weitere 2 Minuten kochen. Die Suppe in vorgewärmte Suppenschalen geben, mit dem Parmesan bestreuen und servieren.

Variation

Diese Suppe schmeckt auch mit anderen Bohnen, mit Kichererbsen oder Linsen.

Tortellini in Brühe

Suppen & Salate

Zutaten für 6 Personen

- 3 EL Olivenöl
- 1 rote Zwiebel, fein gehackt
- 2 Knoblauchzehen, fein gehackt
- 350 g Rinderhackfleisch
- 1 TL frisch gehackter Thymian
- Blätter von 1 Rosmarinzweig, gehackt
- 1 Lorbeerblatt
- Salz und Pfeffer
- 1,7 l Rinderbrühe
- Mehl, zum Bestäuben
- 1 Eigelb, leicht verquirlt, zum Bestreichen

Pastateig
- 400 g Mehl
- 1 TL Salz
- 1 TL Olivenöl
- 2 Eier, leicht verquirlt

So geht's

Das Öl in einem Topf erhitzen. Zwiebel und Knoblauchzehen zugeben und bei mittlerer Hitze etwa 5 Minuten weich dünsten. Das Hackfleisch zufügen und unter Rühren 8–10 Minuten krümelig braten.

Mit Thymian, Rosmarin, Lorbeer, Salz und Pfeffer würzen und mit 125 ml Brühe ablöschen. 25 Minuten köcheln lassen. Sobald die Flüssigkeit verdunstet ist, den Topf vom Herd nehmen, das Lorbeerblatt entfernen und abkühlen lassen.

Die Zutaten für den Pastateig in einer Schüssel zu einem festen Teig vermengen. 30 Minuten ruhen lassen, dann den Teig auf einer leicht bemehlten Arbeitsfläche etwa 2–3 mm dick ausrollen und Kreise (5 cm Ø) ausstechen. In die Mitte jedes Kreises etwa ½ Teelöffel Hackfleischmischung geben. Die Kreise über der Mitte falten, die Ränder mit etwas Eigelb bestreichen und zusammendrücken. Jede Teigtasche einmal um den Zeigefinger wickeln, die Enden kreuzen, andrücken und den Teigrand nach hinten schlagen. Die Tortellini 30 Minuten trocknen lassen.

Die restliche Brühe in einen großen Topf geben und zum Kochen bringen. Die Tortellini zufügen und 3–4 Minuten al dente kochen. Die Tortellini-Suppe auf Suppenteller verteilen und sofort servieren.

Fischsuppe mit Anellini

Suppen & Salate

Zutaten für 6 Personen

- 2 EL Olivenöl
- 2 Zwiebeln, in Ringe geschnitten
- 1 Knoblauchzehe, fein gehackt
- 1 l Fischfond oder Wasser
- 400 g gehackte Tomaten aus der Dose
- ¼ TL Kräuter der Provence
- ¼ TL Safranfäden
- 125 g Anellini
- Salz und Pfeffer
- 450 g Seeteufelfilet, in dicke Stücke zerteilt
- 18 Miesmuscheln, abgebürstet und Bärte entfernt*
- 250 g rohe Garnelen, ausgelöst, aber mit Schwanzenden

* Beschädigte Muscheln und Muscheln, die sich beim Gegenklopfen nicht sofort schließen, wegwerfen.

So geht's

Das Olivenöl in einem großen Topf erhitzen. Zwiebeln und Knoblauch hineingeben und bei niedriger Hitze unter gelegentlichem Rühren 5 Minuten dünsten, bis die Zwiebeln glasig sind.

Fischfond, Tomaten samt Flüssigkeit aus der Dose, Kräuter, Safran und Anellini zugeben und mit Salz und Pfeffer abschmecken. Aufkochen, dann abdecken und 15 Minuten köcheln lassen.

Fisch, Muscheln und Garnelen zugeben. Den Topf abdecken und weitere 5–10 Minuten köcheln lassen, bis sich die Muscheln geöffnet und die Garnelen verfärbt haben und der Seeteufel gar ist. Muscheln, die sich nicht geöffnet haben, wegwerfen. Die Suppe in vorgewärmte Suppenschalen füllen und servieren.

Tomatensuppe mit Capellini

Suppen & Salate

Zutaten für 4 Personen

- 500 g vollreife Tomaten, gehäutet und halbiert
- 8 Knoblauchzehen
- 1 Zwiebel, gehackt
- ½ TL Safranfäden, leicht zerstoßen
- 1 TL Zucker
- 1 Bouquet garni
- 5-cm-Stück Schale von 1 unbehandelten Zitrone
- 600 ml Gemüse- oder Hühnerbrühe
- Salz und Pfeffer
- 2 EL natives Olivenöl extra
- 300 g Capellini (dünne Fadennudeln)
- Salz und Pfeffer

So geht's

Tomaten, Knoblauchzehen, Zwiebel, Safran, Zucker, Bouquet garni, Zitronenschale und Brühe in einen großen Topf geben und aufkochen. Dann die Hitze reduzieren, den Topf abdecken und alles unter gelegentlichem Rühren etwa 25–30 Minuten köcheln lassen, bis die Tomaten zerfallen sind.

Den Topf vom Herd nehmen und die Suppe etwas abkühlen lassen. Dann Knoblauchzehen, Bouquet garni und Zitronenschale entfernen. Die Suppe in einer Küchenmaschine oder einem Standmixer glatt pürieren. Zurück in den ausgespülten Topf gießen, zum Kochen bringen und mit Salz und Pfeffer würzen. Das Öl einrühren, die Pasta zufügen und 3–4 Minuten köcheln lassen, bis die Nudeln al dente sind.

Die Suppe auf vorgewärmte Suppenteller verteilen und mit Pfeffer bestreuen. Sofort servieren.

Minestrone alla milanese

Suppen & Salate

Zutaten für 6 Personen

- 2 EL Olivenöl
- 50 g Pancetta oder Speck, gewürfelt
- 2 Zwiebeln, in Ringe geschnitten
- 2 Knoblauchzehen, fein gehackt
- 3 Karotten, gewürfelt
- 2 Selleriestangen, gehackt
- 250 g weiße Bohnen, über Nacht in kaltem Wasser eingeweicht
- 400 g gehackte Tomaten aus der Dose
- 2 l Rinderbrühe
- 350 g Kartoffeln, gewürfelt
- 175 g Makkaroni oder andere Suppennudeln
- 175 g grüne Bohnen, klein geschnitten
- 120 g frische oder tiefgefrorene Erbsen
- 250 g Wirsing, in Streifen geschnitten
- 3 EL frisch gehackte glatte Petersilie
- Salz und Pfeffer
- frische Parmesanspäne, zum Garnieren

So geht's

Das Olivenöl in einem Topf erhitzen. Pancetta, Zwiebeln und Knoblauch hineingeben und unter gelegentlichem Rühren 5 Minuten dünsten.

Karotten und Sellerie zugeben und unter gelegentlichem Rühren weitere 5 Minuten dünsten, bis das Gemüse weich ist.

Die weißen Bohnen abtropfen lassen und mit den Tomaten samt Saft aus der Dose und der Rinderbrühe in den Topf geben. Die Suppe aufkochen, dann die Hitze reduzieren und das Ganze abgedeckt 1 Stunde köcheln lassen.

Die Kartoffeln zugeben, alles weitere 15 Minuten abgedeckt garen, dann Nudeln, grüne Bohnen, Erbsen, Wirsing und Petersilie zugeben. Weitere 15 Minuten abgedeckt garen, bis auch das Gemüse gar ist. Die fertige Suppe mit Salz und Pfeffer abschmecken, auf vorgewärmte Suppenschalen verteilen, mit Parmesanspänen garnieren und sofort servieren.

Weiße-Bohnen-Suppe

Suppen & Salate

Zutaten für 4 Personen

- 175 g weiße Bohnen, über Nacht in kaltem Wasser eingeweicht
- 1,6 l Hühner- oder Gemüsebrühe
- 120 g Corallini, Conchigliette oder andere Suppennudeln
- 6 EL Olivenöl
- 2 Knoblauchzehen, fein gehackt
- 4 EL frisch gehackte glatte Petersilie
- Salz und Pfeffer
- frisches, knuspriges Brot, zum Servieren

So geht's

Die Bohnen abgießen, abtropfen lassen und in einen großen Topf geben. Die Brühe zugießen und aufkochen. Den Deckel halb auflegen, die Hitze reduzieren und das Ganze 2 Stunden köcheln lassen, bis die Bohnen gar sind.

Die Hälfte der Bohnen und etwas Brühe in einer Küchenmaschine oder einem Standmixer glatt pürieren. Das Püree wieder in den Topf geben und gut unterrühren. Die Suppe wieder aufkochen.

Die Nudeln zugeben, erneut aufkochen und etwa 10 Minuten köcheln lassen, bis sie gar sind.

Unterdessen 4 Esslöffel Öl in einem kleinen Topf erhitzen. Den Knoblauch zufügen und bei schwacher Hitze 4–5 Minuten unter häufigem Rühren goldbraun dünsten. Knoblauch und Petersilie zur Suppe geben. Mit Salz und Pfeffer abschmecken und in vorgewärmte Suppenschalen füllen. Mit dem restlichen Öl beträufeln und sofort mit dem Brot servieren.

Pasta niçoise

Suppen & Salate

Zutaten für 4 Personen

- 120 g grüne Bohnen, in 5-cm-Stücke geschnitten
- 250 g Fusilli tricolore
- 80 ml Olivenöl
- 2 Thunfischsteaks (à 350 g)
- Salz und Pfeffer
- 6 Kirschtomaten, halbiert
- 50 g schwarze Oliven, entsteint und halbiert
- 6 eingelegte Sardellen, abgetropft und gehackt
- 3 EL frisch gehackte glatte Petersilie
- 2 EL Zitronensaft
- 8–10 Radicchioblätter

So geht's

In einem großen Topf leicht gesalzenes Wasser zum Kochen bringen. Die Bohnen hineingeben, die Hitze reduzieren und die Bohnen 10–15 Minuten garen. Mit einem Schaumlöffel herausnehmen und in einer Schüssel mit kaltem Wasser abschrecken. Die Pasta in dasselbe Kochwasser geben und al dente kochen.

Unterdessen eine Pfanne mit Öl ausstreichen und erhitzen, bis Dampf aufsteigt. Den Thunfisch nach Belieben mit Salz und Pfeffer bestreuen und auf beiden Seiten mit Öl bestreichen. Bei mittlerer Hitze entweder 2 Minuten von jeder Seite braten, oder bis er der gewünschte Gargrad erreicht ist. Aus der Pfanne nehmen, beiseitestellen.

Die Pasta abgießen, gut abtropfen lassen und in eine Schüssel geben. Bohnen, Tomaten, Oliven, Sardellen, Petersilie, Zitronensaft und das restliche Öl zugeben. Mit Salz und Pfeffer abschmecken. Alles gut vermengen und abkühlen lassen. Eventuell verbliebene Hautreste vom Thunfisch entfernen und diesen in Streifen schneiden.

Die Thunfischstreifen mit dem Pastasalat mischen. Eine Salatschüssel mit Radicchioblättern auslegen und den Salat darauf anrichten.

Pistou-Suppe

Suppen & Salate

Zutaten für 4–6 Personen

- 250 g frische dicke Bohnen
- 2 EL Olivenöl
- 2 große Knoblauchzehen, zerdrückt
- 1 große Zwiebel, fein gehackt
- 1 Selleriestange, fein gehackt
- 1 Karotte, gehackt
- 200 g fest kochende neue Kartoffeln, gewürfelt
- 1 l Gemüsebrühe
- 2 große, saftige Fleischtomaten, gehäutet, entkernt und gehackt
- Salz und Pfeffer
- 1 großes Bund frisches Basilikum, mit Küchengarn zusammengebunden
- 200 g Zucchini, gewürfelt
- 200 g grüne Bohnen, gehackt
- 50 g Vermicelli, in kurzen Stücken, oder kurze Nudeln nach Wahl

Pistou

- 100 g frisches Basilikum
- 2 große Knoblauchzehen
- 1½ EL Pinienkerne
- 50 ml natives Olivenöl extra
- 50 g fein geriebener Parmesan

So geht's

Die Außenhaut der härteren Bohnen mit einem Messer entfernen.

Das Öl in einem großen Topf bei mittlerer Hitze erwärmen. Knoblauch, Zwiebel, Sellerie und Karotte darin 5–8 Minuten dünsten, bis die Zwiebel glasig ist. Kartoffeln, Brühe und Tomaten einrühren und mit Salz und Pfeffer würzen. Aufkochen, dann das Basilikum zufügen. Die Hitze reduzieren, den Topf abdecken und köcheln lassen, bis die Kartoffeln gar sind.

Für das Pistou Basilikum, Knoblauch und Pinienkerne im Standmixer zu einer Paste verarbeiten. Dann das Öl einrühren. Das Pistou in eine Schale geben, den Parmesan unterrühren und abgedeckt kalt stellen.

Sobald die Kartoffeln gar sind, Zucchini, dicke und grüne Bohnen sowie die Vermicelli in die Suppe geben und alles weitere 10 Minuten kochen, bis Bohnen und Nudeln gar sind. Anschließend das Basilikum entfernen.

Die Suppe abschmecken und auf Suppenschalen verteilen. Jede Portion mit einem Löffel Pistou servieren.

Hühnersuppe mit Kichererbsen

Suppen & Salate

Zutaten für 4 Personen

- 2 EL Butter
- 3 Frühlingszwiebeln, gehackt
- 2 Knoblauchzehen, fein gehackt
- 1 frischer Majoranzweig, fein gehackt
- 350 g Hähnchenbrustfilet, gewürfelt
- 1,2 l Hühnerbrühe
- 350 g Kichererbsen aus der Dose, abgetropft
- 1 Bouquet garni
- Salz und weißer Pfeffer
- 1 rote Paprika, gewürfelt
- 1 grüne Paprika, gewürfelt
- 120 g kurze kleine Röhrennudeln, z. B. Hörnchen
- Croûtons, zum Garnieren

So geht's

Die Butter in einem großen Topf zerlassen. Frühlingszwiebeln, Knoblauch, Majoran und die Hähnchenwürfel zugeben und das Fleisch unter regelmäßigem Rühren 5 Minuten bei mittlerer Hitze anbraten.

Brühe, Kichererbsen und das Bouquet garni zugeben. Alles kräftig durchrühren und gut mit Salz und Pfeffer würzen. Alles behutsam zum Kochen bringen. Anschließend die Hitze reduzieren und die Suppe etwa 2 Stunden bei geringer Hitze leicht köcheln lassen. Paprika und Nudeln zu den anderen Zutaten in den Topf geben, verrühren und die Suppe weitere 20 Minuten köcheln lassen.

Die fertige Suppe auf vorgewärmte Suppenteller verteilen, anschließend mit den Croûtons garniert sofort servieren.

Thunfisch-Pasta-Salat

Suppen & Salate

Zutaten für 4 Personen

- 200 g Fusilli
- 1 rote Paprika, geviertelt
- 150 g Spargel, in Stücke geschnitten
- 1 rote Zwiebel, in Ringe geschnitten
- 4 Tomaten, in Scheiben geschnitten
- 200 g Thunfisch (in Salzlake) aus der Dose, abgetropft und zerkleinert
- einige Stängel Basilikum, zum Garnieren

Dressing

- 6 EL Basilikumöl oder natives Olivenöl extra
- 3 EL Weißweinessig
- 1 EL Limettensaft
- 1 TL Senf
- 1 TL Honig
- 4 EL frisch gehacktes Basilikum

So geht's

In einem großen Topf leicht gesalzenes Wasser zum Kochen bringen. Die Pasta darin 8–10 Minuten al dente kochen.

Unterdessen die Paprika im Backofengrill auf der obersten Schiene 10–12 Minuten rösten, bis sich die Haut schwarz verfärbt. In einen Gefrierbeutel geben, verschließen und beiseitelegen.

Einen weiteren Topf mit Wasser zum Kochen bringen und den Spargel darin 4–8 Minuten gar kochen. Abgießen, in kaltem Wasser abschrecken und abtropfen lassen. Die Nudeln abgießen und abkühlen lassen. Die Paprika aus dem Beutel nehmen, häuten und in Streifen schneiden.

Alle Dressingzutaten in einer großen Schüssel gut verrühren. Pasta, Paprika, Spargel, Zwiebel, Tomaten und Thunfisch dazugeben und alles vorsichtig vermengen, dann auf Portionsschalen verteilen. Mit Basilikumstängeln garniert servieren.

Orecchiette-Salat mit Birnen

Suppen & Salate

Zutaten für 4 Personen

- 250 g Orecchiette
- 1 Kopf Radicchio, zerkleinert
- 1 Kopf Eichblattsalat, zerkleinert
- 2 Birnen
- 3 EL Zitronensaft
- 250 g Blauschimmelkäse, gewürfelt
- 50 g Walnüsse, gehackt
- 4 Tomaten, geviertelt
- 1 rote Zwiebel, in Ringe geschnitten
- 1 Karotte, geraspelt
- 8 frische Basilikumblätter
- 50 g Feldsalat
- 4 EL Olivenöl
- 3 EL Weißweinessig
- Salz und Pfeffer

So geht's

In einem großen Topf leicht gesalzenes Wasser aufkochen. Die Pasta darin al dente kochen. Abtropfen lassen, in einer Schüssel mit kaltem Wasser abschrecken und erneut abtropfen lassen.

Die Salatblätter in eine Salatschüssel geben. Die Birnen halbieren, das Kerngehäuse entfernen, dann würfeln und in einer kleinen Schüssel mit 1 Esslöffel Zitronensaft vermengen, damit sie sich nicht verfärben. Käse, Walnüsse, Tomaten, Birnenwürfel, Pasta, Zwiebel und geraspelte Karotte zum Salat geben. Basilikum und Feldsalat zugeben.

Den restlichen Zitronensaft mit Olivenöl und Essig in einem Messbecher mischen und mit Salz und Pfeffer abschmecken. Das Dressing über den Salat gießen, unterheben und servieren.

Nudelsalat mit pikanter Wurst

Suppen & Salate

Zutaten für 4 Personen

- 125 g Conchiglie
- 2 EL Olivenöl
- 1 Zwiebel, gehackt
- 2 Knoblauchzehen, sehr fein gehackt
- 1 kleine gelbe Paprika, in feine Streifen geschnitten
- 175 g pikante Wurst, z. B. Chorizo oder Peperoni-Salami, gehäutet und in Scheiben geschnitten
- 2 EL Rotwein
- 1 EL Rotweinessig
- 125 g gemischte Salatblätter
- Salz

So geht's

In einem großen Topf leicht gesalzenes Wasser aufkochen. Die Conchiglie darin mit 1 Esslöffel Olivenöl 8–10 Minuten al dente kochen. Abgießen, unter kaltem Wasser abschrecken und abtropfen lassen.

Das restliche Olivenöl in einem Topf erhitzen und die Zwiebel darin bei schwacher Hitze glasig dünsten. Knoblauch, Paprika und Wurstscheiben zugeben und 3–4 Minuten dünsten, dabei gelegentlich umrühren.

Wein, Essig und Nudeln unterrühren und alles kurz aufkochen.

Die Salatblätter auf Tellern anrichten, die Nudelmischung darübergeben und nach Belieben mit Salz bestreuen. Sofort servieren.

Warmer Pastasalat

Suppen & Salate

Zutaten für 4 Personen

- 250 g Farfalle oder andere Pasta
- 6 getrocknete Tomatenstücke in Öl, abgetropft und gehackt
- 4 Frühlingszwiebeln, gehackt
- 50 g Rucola, klein geschnitten
- ½ Salatgurke, entkernt und gewürfelt
- Salz und Pfeffer
- 2 EL frisch geriebener Parmesan, zum Garnieren

Dressing

- 4 EL natives Olivenöl extra
- 1 EL Weißweinessig
- ½ TL Zucker
- 1 TL Dijon-Senf
- Salz und Pfeffer
- 4 frisch gehackte Basilikumblätter

So geht's

Für das Dressing Olivenöl, Essig, Zucker und Senf in einer großen Schüssel verquirlen. Mit Salz und Pfeffer abschmecken und das Basilikum einrühren.

In einem großen Topf leicht gesalzenes Wasser aufkochen. Die Pasta darin al dente kochen. Abgießen, abtropfen lassen und in eine Salatschüssel geben. Das Dressing zufügen und alles gut vermengen.

Tomaten, Frühlingszwiebeln, Rucola und Salatgurke zugeben. Mit Salz und Pfeffer abschmecken und alles gut vermengen. Mit dem Parmesan bestreuen und warm servieren.

Sommerlicher Nudelsalat

Suppen & Salate

Zutaten für 6 Personen

- 250 g grüne Fusilli
- 5 EL natives Olivenöl extra
- 450 g gekochte Garnelen, ausgelöst
- 1 Cantaloupe-Melone
- 1 Honigmelone
- 1 EL Rotweinessig
- 1 TL körniger Senf
- 1 Prise Zucker
- 1 EL frisch gehackte glatte Petersilie
- 1 EL frisch gehacktes Basilikum, plus einige Blätter zum Garnieren
- Salz und Pfeffer
- 1 Eichblattsalat, klein gezupft

So geht's

In einem großen Topf gesalzenes Wasser aufkochen. Die Fusilli darin 8–10 Minuten al dente kochen. Abgießen, mit 1 Esslöffel Olivenöl vermischen und abkühlen lassen.

Unterdessen die Garnelen in eine große Schüssel geben. Die Melonen halbieren und die Kerne mit einem Löffel auslösen. Mit einem Kugelausstecher oder kleinen Löffel Kugeln aus dem Fruchtfleisch ausstechen und zu den Garnelen in die Schüssel geben.

Das restliche Olivenöl, Essig, Senf, Zucker, Petersilie und Basilikum in einer kleinen Schale miteinander verrühren und mit Salz und Pfeffer abschmecken. Die abgekühlten Nudeln locker mit den Garnelen und den Melonenbällchen durchheben, das Dressing darübergeben und erneut vermengen. Mit Frischhaltefolie abdecken und 30 Minuten kalt stellen.

Ein Bett aus klein gezupftem Salat auf einer Servierplatte auslegen. Den Nudelsalat darauf anrichten, mit Basilikumblättern garnieren und servieren.

Nudelsalat mit Paprika

Suppen & Salate

Zutaten für 4 Personen

- 1 rote Paprika
- 1 orangefarbene Paprika
- 300 g Conchiglie
- 75 ml natives Olivenöl extra
- 2 EL Zitronensaft
- 2 EL Pesto
- 1 Knoblauchzehe, sehr fein gehackt
- 3 EL klein geschnittene frische Basilikumblätter
- Salz und Pfeffer

So geht's

Den Backofengrill vorheizen. Die Paprika auf ein Backblech legen und unter dem Grill 15 Minuten rösten, dabei häufig wenden, bis sie rundum gebräunt sind. Die Paprika in eine Schüssel legen, mit Folie abdecken und beiseitestellen.

Unterdessen in einem großen Topf leicht gesalzenes Wasser aufkochen. Die Conchiglie darin 8–10 Minuten al dente kochen.

Olivenöl, Zitronensaft, Pesto und Knoblauch in einer Schüssel gründlich verrühren. Die Nudeln abgießen und noch heiß mit der Pestomischung verrühren. Beiseitestellen.

Von den abgekühlten Paprika die Haut abziehen, die Paprika aufschneiden und die Kerne entfernen. Das Fruchtfleisch grob hacken und mit dem Basilikum zu den Nudeln geben. Mit Salz und Pfeffer abschmecken und alles gut vermengen. Zimmerwarm servieren.

Penne-Äpfel-Salat

Suppen & Salate

Zutaten für 4 Personen

- 2 große Köpfe Romanasalat
- 250 g Penne
- 1 EL Olivenöl
- 8 rote Tafeläpfel
- Saft von 4 Zitronen
- 1 Selleriestange, in Scheiben geschnitten
- 120 g Walnusshälften
- 250 g Knoblauchmayonnaise
- Salz und Pfeffer

So geht's

Die Salatblätter waschen, abtropfen lassen und mit Küchenpapier trocken tupfen, bis sie knackig sind.

Unterdessen in einem großen Topf leicht gesalzenes Wasser aufkochen. Die Penne darin mit dem Olivenöl 8–10 Minuten al dente kochen. Abgießen und unter fließend kaltem Wasser abschrecken. Gründlich abtropfen lassen und beiseitestellen.

Die Äpfel entkernen, würfeln und mit dem Zitronensaft beträufeln, damit sie nicht braun werden. Dann Nudeln, Sellerie, Äpfel und Walnüsse mischen, mit der Knoblauchmayonnaise vermengen und mit Salz und Pfeffer abschmecken. Nach Geschmack mehr Mayonnaise zugeben.

Eine Salatschüssel mit den Salatblättern auslegen, den Nudelsalat hineingeben und servieren.

Fleisch & Geflügel

Tagliatelle mit Fleischsauce

Fleisch & Geflügel

Zutaten für 4 Personen

- 4 EL Olivenöl, plus etwas mehr zum Beträufeln
- 80 g Pancetta oder Speck, gewürfelt
- 1 Zwiebel, gehackt
- 1 Knoblauchzehe, fein gehackt
- 1 Karotte, gehackt
- 1 Selleriestange, gehackt
- 250 g Rinderhackfleisch
- 120 g Hühnerleber, gehackt
- 2 EL passierte Tomaten
- 125 ml trockener Weißwein
- 250 ml Rinderbrühe oder Wasser
- 1 EL frisch gehackter Oregano
- 1 Lorbeerblatt
- Salz und Pfeffer
- 450 g Tagliatelle
- frisch geriebener Parmesan, zum Servieren

So geht's

Das Öl in einem großen Topf erhitzen. Pancetta oder Speck zugeben und bei mittlerer Hitze unter Rühren 3–5 Minuten bräunen. Zwiebel, Knoblauch, Karotte und Sellerie zugeben und weitere 5 Minuten dünsten.

Das Hackfleisch zugeben und bei starker Hitze 5 Minuten von allen Seiten anbraten. Die Leber unterrühren und weitere 2–3 Minuten braten. Passierte Tomaten, Wein, Brühe, Oregano und Lorbeerblatt zugeben und alles mit Salz und Pfeffer abschmecken. Aufkochen, die Hitze reduzieren, den Deckel auflegen und das Ganze 30–35 Minuten köcheln lassen.

Unterdessen in einem großen Topf leicht gesalzenes Wasser aufkochen. Die Nudeln darin 8–10 Minuten al dente kochen. Abgießen, abtropfen lassen und in eine vorgewärmte Schüssel geben, mit Öl beträufeln und gut vermengen.

Das Lorbeerblatt aus der Sauce entfernen. Die Nudeln mit der Sauce übergießen, durchmengen und sofort mit Parmesan servieren.

Spaghetti mit Hackklößchen

Fleisch & Geflügel

Zutaten für 2 Personen

- 2 dicke Scheiben Weißbrot ohne Kruste
- 2 EL Olivenöl
- 1 rote Zwiebel, gehackt
- 2 Knoblauchzehen, fein gehackt
- 400 g gehackte Tomaten aus der Dose
- 8 Basilikumblätter
- 2 EL Tomatenmark
- 1 TL Zucker
- Salz und Pfeffer
- 450 g Rinderhackfleisch
- 2 Eier
- 1 EL frisch gehackte Petersilie
- 1 EL frisch gehacktes Basilikum
- 350 g Spaghetti
- frisch geriebener Parmesan, zum Servieren

So geht's

Das Brot in eine flache Schüssel geben und knapp mit Wasser bedecken. 5 Minuten einweichen. Dann das Wasser abgießen und gut aus dem Brot herausdrücken.

Das Öl in einer Pfanne erhitzen. Die Zwiebel und die Hälfte des Knoblauchs darin unter gelegentlichem Rühren bei mittlerer Hitze 5 Minuten andünsten. Tomaten samt Saft aus der Dose, Basilikumblätter, Tomatenmark und Zucker zugeben und abschmecken. Aufkochen und unter Rühren 20 Minuten köcheln lassen, bis eine dicke Sauce entstanden ist.

Brot, Hackfleisch, Eier, die verbliebenen Kräuter und Knoblauch sowie ½ Teelöffel Salz mit der Hand in einer Rührschüssel vermengen. Kleine Bällchen aus dem Hackgemisch formen und in die Tomatensauce geben. Alles mit geschlossenem Deckel 30 Minuten kochen.

Unterdessen leicht gesalzenes Wasser aufkochen, die Spaghetti darin etwa 10 Minuten al dente kochen. Abgießen und gut abtropfen lassen.

Die Spaghetti in eine große flache Servierschüssel geben. Die Hackfleischbällchen und die Sauce darübergeben. Mit etwas Parmesan bestreuen und den restlichen Käse in einem Schälchen dazu servieren.

Feurige Tagliatelle mit Schwein

Fleisch & Geflügel

Zutaten für 4 Personen

- 450 g Tagliatelle
- 3 EL Erdnussöl
- 350 g Schweinefilet, in dünne Streifen geschnitten
- 1 Knoblauchzehe, fein gehackt
- 1 Bund Frühlingszwiebeln, klein geschnitten
- 2,5-cm-Stück Ingwerwurzel, frisch gerieben
- 2 frische scharfe Chilies, entkernt und fein gehackt
- 1 rote Paprika, in dünne Streifen geschnitten
- 1 gelbe Paprika, in dünne Streifen geschnitten
- 3 Zucchini, in Stifte geschnitten
- 2 EL fein gehackte Erdnüsse
- 1 TL Zimt
- 1 EL Austernsauce
- 50 g Creamed Coconut, gerieben
- Salz und Pfeffer
- 2 EL frisch gehackter Koriander, zum Garnieren

So geht's

In einem großen Topf leicht gesalzenes Wasser zum Kochen bringen. Die Nudeln darin al dente kochen.

Unterdessen das Erdnussöl im vorgewärmten Wok oder in einer großen Pfanne erhitzen. Das Schweinefleisch zugeben und 5 Minuten pfannenrühren. Knoblauch, Frühlingszwiebeln, Ingwer und Chilies zugeben und 2 Minuten scharf anbraten.

Rote und gelbe Paprika sowie Zucchini zugeben und 1 Minute anbraten. Dann Erdnüsse, Zimt, Austernsauce und Kokoscreme zufügen und 1 weitere Minute pfannenrühren. Mit Salz und Pfeffer abschmecken. Die Pasta abgießen, abtropfen lassen und in eine Servierschüssel geben. Das Gemüse darauf verteilen, mit dem Koriander bestreuen und servieren.

Spaghetti alla carbonara

Fleisch & Geflügel

Zutaten für 4 Personen

- 450 g Spaghetti
- 1 EL Olivenöl
- 250 g Pancetta oder Speck, gewürfelt
- 4 Eier
- 80 g Sahne
- Salz und Pfeffer
- 4 EL frisch geriebener Parmesan

So geht's

In einem großen Topf leicht gesalzenes Wasser zum Kochen bringen. Die Pasta darin al dente kochen.

Unterdessen das Olivenöl in einer Pfanne erhitzen. Die Pancettawürfel hineingeben und bei mittlerer Hitze unter häufigem Rühren 8–10 Minuten braten.

Die Eier mit der Sahne in einer kleinen Schüssel verquirlen und nach Belieben mit Salz und Pfeffer abschmecken. Die Pasta abgießen, abtropfen lassen und zurück in den Topf geben. Den Inhalt der Pfanne ebenfalls in den Topf geben, dann die Eimischung und die Hälfte des Parmesans zugeben. Gut vermengen und in eine vorgewärmte Servierschüssel geben. Mit dem restlichen Käse bestreuen und sofort servieren.

Spaghetti bolognese

Fleisch & Geflügel

Zutaten für 4 Personen

- 2 EL Olivenöl
- 1 EL Butter
- 1 kleine Zwiebel, fein gehackt
- 1 Karotte, fein gewürfelt
- 1 Selleriestange, fein gewürfelt
- 50 g Champignons, gewürfelt
- 250 g Rinderhackfleisch
- 75 g ungeräucherter Speck oder Schinkenspeck, gewürfelt
- 2 Hühnerlebern, gehackt
- 2 EL Tomatenmark
- 125 ml trockener Weißwein
- Salz und Pfeffer
- ½ TL frisch geriebene Muskatnuss
- 300 ml Hühnerbrühe
- 125 g Crème double
- 450 g Spaghetti
- 2 EL frisch gehackte glatte Petersilie, zum Garnieren
- frisch geriebener Parmesan, zum Servieren

So geht's

Öl und Butter bei mittlerer Hitze in einem großen Topf erhitzen. Zwiebel, Karotte, Sellerie und Pilze zugeben und gar schmoren. Dann Fleisch und Speck zufügen und braten, bis das Fleisch gleichmäßig gebräunt ist.

Hühnerleber und Tomatenmark unterrühren und alles 2–3 Minuten garen. Den Wein zugießen und mit Salz, Pfeffer und Muskatnuss abschmecken. Die Brühe zugießen. Aufkochen, abdecken und bei geringer Hitze 1 Stunde köcheln lassen. Die Crème double unterrühren und die Sauce ohne Deckel köcheln lassen, bis alles reduziert ist.

In einem großen Topf leicht gesalzenes Wasser zum Kochen bringen. Die Nudeln darin al dente kochen. Abgießen, abtropfen lassen und in eine vorgewärmte Servierschüssel geben.

Die Hälfte der Sauce über die Nudeln geben. Gut unterheben, die restliche Sauce darüber verteilen. Mit der Petersilie garnieren und mit Parmesan servieren.

Makkaroni mit Bratwurst

Fleisch & Geflügel

Zutaten für 4 Personen

- 1 EL Olivenöl
- 1 große Zwiebel, fein gehackt
- 2 Knoblauchzehen, sehr fein gehackt
- 450 g Bratwurst, gepellt und grob gewürfelt
- 3 eingelegte Peperoni oder rote Chilies, abgetropft und in Scheiben geschnitten
- 400 g gehackte Tomaten aus der Dose
- 2 TL getrockneter Oregano
- 125 ml Hühnerbrühe oder Rotwein
- Salz und Pfeffer
- 450 g Makkaroni
- 12–15 schwarze Oliven, entsteint und geviertelt
- 75 g frisch geriebener Käse, z. B. Gouda oder Gruyère

So geht's

Das Öl bei mittlerer Hitze in einer großen Pfanne erhitzen. Die Zwiebel zufügen und 5 Minuten dünsten. Den Knoblauch zugeben und kurz glasig dünsten. Die Wurst zufügen und gleichmäßig braun anbraten.

Peperoni, Tomaten, Oregano und Brühe oder Wein zugeben. Mit Salz und Pfeffer abschmecken. Alles aufkochen, dann bei mittlerer Hitze unter gelegentlichem Rühren 10 Minuten köcheln lassen.

In einem großen Topf leicht gesalzenes Wasser aufkochen. Die Makkaroni darin al dente kochen. Dann abgießen, abtropfen lassen und in eine vorgewärmte Servierschüssel geben.

Die Oliven und die Hälfte des Käses zur Sauce geben und rühren, bis der Käse geschmolzen ist. Die Sauce über die Nudeln geben und gut unterrühren. Mit dem restlichen Käse bestreuen und sofort servieren.

Safran-Linguine

Fleisch & Geflügel

Zutaten für 4 Personen

- 350 g Linguine
- 1 Msp. Safranfäden
- 2 EL Wasser
- 150 g Schinken, in Streifen geschnitten
- 175 g Crème double
- 50 g frisch geriebener Parmesan
- Salz und Pfeffer
- 2 Eigelb

So geht's

In einem großen Topf leicht gesalzenes Wasser zum Kochen bringen. Die Pasta darin al dente kochen.

Unterdessen den Safran in eine Pfanne geben. Das Wasser zugeben und aufkochen. Die Pfanne vom Herd nehmen und 5 Minuten stehen lassen.

Schinken, Crème double und Parmesan mit dem Safran verrühren und die Pfanne wieder auf den Herd stellen. Nach Belieben mit Salz und Pfeffer abschmecken und unter ständigem Rühren behutsam erhitzen, bis die Mischung köchelt. Die Pfanne vom Herd nehmen und das Eigelb unterrühren. Die Pasta abgießen, abtropfen lassen und in eine vorgewärmte Servierschüssel geben. Die Safransauce zufügen, alles vermengen und sofort servieren.

Salami-Nudeln

Fleisch & Geflügel

Zutaten für 4 Personen

- 3 EL Olivenöl
- 1 Zwiebel, gehackt
- 1 rote Paprika, gehackt
- 1 orangefarbene Paprika, gehackt
- 800 g gehackte Tomaten aus der Dose
- 1 EL Tomatenmark
- 1 TL Paprikapulver
- 250 g Salami, in Scheiben geschnitten
- 2 EL frisch gehackte glatte Petersilie, plus etwas mehr zum Garnieren
- Salz und Pfeffer
- 450 g Garganelli
- gemischte Salatblätter, zum Servieren

So geht's

In einer großen Pfanne 2 Esslöffel Olivenöl erhitzen und die Zwiebel darin bei niedriger Hitze unter Rühren 5 Minuten weich dünsten. Paprika, Tomaten samt Saft aus der Dose, Tomatenmark und Paprikapulver zufügen und alles aufkochen.

Salami und Petersilie zugeben und mit Salz und Pfeffer abschmecken. Gut umrühren und aufkochen, dann die Hitze reduzieren und das Ganze 10–15 Minuten köcheln lassen.

Unterdessen in einem großen Topf leicht gesalzenes Wasser aufkochen. Die Nudeln darin 8–10 Minuten al dente kochen.

Abgießen, gut abtropfen lassen und in eine vorgewärmte Servierschüssel geben. Zunächst das restliche Olivenöl und dann die Salamisauce unter die Nudeln heben, alles gut vermengen. Mit Petersilie bestreuen und sofort mit den Salatblättern servieren.

Rigatoni alla sorrentina

Fleisch & Geflügel

Zutaten für 4 Personen

- 1 EL Olivenöl
- 2 EL Butter
- 1 Zwiebel, fein gehackt
- 150 g Schinken, gewürfelt
- 2 Knoblauchzehen, sehr fein gehackt
- 1 frische rote Chili, entkernt und in Ringe geschnitten
- 800 g gehackte Tomaten aus der Dose
- Salz und Pfeffer
- 450 g Rigatoni oder Penne
- 2 EL frisch gehackte glatte Petersilie
- 90 g frisch geriebener Parmesan

So geht's

Das Olivenöl und 1 Esslöffel Butter bei mittlerer Hitze in einem großen Topf erhitzen. Die Zwiebel zufügen und 10 Minuten goldbraun anbraten. Den Schinken zufügen und 5 Minuten leicht bräunen. Knoblauch, Chili und Tomaten einrühren. Alles gut mit Salz und Pfeffer abschmecken, dann bei mittlerer Hitze 30–40 Minuten köcheln lassen, bis alles andickt.

In einem großen Topf leicht gesalzenes Wasser zum Kochen bringen. Die Nudeln darin al dente kochen. Abgießen, abtropfen lassen und in eine vorgewärmte Servierschüssel geben.

Die Sauce über den Nudeln verteilen. Abschließend Petersilie, Parmesan und die restliche Butter zufügen. Gut verrühren und sofort servieren.

Chorizo-Wildpilz-Vermicelli

Zutaten für 6 Personen

- 680 g Vermicelli
- 125 ml Olivenöl
- 2 Knoblauchzehen, sehr fein gehackt
- 125 g Chorizo, in Scheiben geschnitten
- 250 g Wildpilze
- 3 frische rote Chilies, gehackt
- Salz und Pfeffer
- 2 EL frische Parmesanspäne, zum Garnieren
- 10 Sardellenfilets, zum Garnieren

So geht's

In einem großen Topf leicht gesalzenes Wasser zum Kochen bringen. Die Nudeln darin al dente kochen. Abgießen, abtropfen lassen und warm stellen.

Unterdessen das Öl in einer großen Pfanne erhitzen und den Knoblauch darin etwa 1 Minute andünsten. Chorizo und Pilze zugeben und 4 Minuten braten. Die Chilies zugeben und 1 weitere Minute braten.

Wurst und Pilze über die Nudeln geben und mit Salz und Pfeffer abschmecken. Mit den Parmesanspänen und den Sardellenfilets garnieren und servieren.

Farfalle mit Huhn & Pesto

Fleisch & Geflügel

Zutaten für 4 Personen

- 2 EL Öl
- 4 Hähnchenbrustfilets
- Salz
- 350 g Farfalle
- Pfeffer
- 1 Stängel frisches Basilikum, zum Garnieren

Pesto

- 100 g frisch gezupftes Basilikum
- 125 ml natives Olivenöl extra
- 3 EL Pinienkerne
- 3 Knoblauchzehen, fein gehackt
- Salz
- 50 g frisch geriebener Parmesan
- 2 EL frisch geriebener Pecorino

So geht's

Für das Pesto Basilikum, Olivenöl, Pinienkerne, Knoblauch und eine gute Prise Salz in einer Küchenmaschine oder einem Standmixer pürieren, bis eine glatte Masse entsteht. Die Mischung in eine Schüssel geben und den Käse unterrühren.

Das Öl bei mittlerer Hitze in einer Pfanne erhitzen. Das Fleisch unter einmaligem Wenden 8–10 Minuten braten, bis der Fleischsaft nicht mehr rosig ist. In kleine Würfel schneiden.

In einem großen Topf leicht gesalzenes Wasser zum Kochen bringen. Die Nudeln darin al dente kochen. Abgießen, abtropfen lassen und in eine vorgewärmte Servierschüssel geben. Hähnchenwürfel und Pesto darüber verteilen und mit Pfeffer abschmecken. Gut vermischen. Mit einem Basilikumstängel garnieren und warm servieren.

Farfalle alla Gorgonzola

Fleisch & Geflügel

Zutaten für 4 Personen

- 250 g Crème fraîche
- 250 g braune Champignons, geviertelt
- Salz und Pfeffer
- 400 g Farfalle
- 80 g Gorgonzola, zerkrümelt
- 1 EL frisch gehackte glatte Petersilie, plus einige frische Petersilienzweige zum Garnieren
- 175 g gekochter Schinken, gewürfelt

So geht's

Crème fraîche und Pilze in einen Topf geben und mit Salz und Pfeffer abschmecken. Stark erhitzen, dann die Temperatur reduzieren und unter gelegentlichem Rühren 8–10 Minuten köcheln lassen, bis die Sauce andickt.

Unterdessen in einem großen Topf leicht gesalzenes Wasser aufkochen und die Farfalle darin 8–10 Minuten al dente kochen.

Die Sauce vom Herd nehmen und den Gorgonzola einrühren, bis er schmilzt. Den Topf bei sehr schwacher Hitze wieder auf den Herd stellen und Petersilie und Schinken einrühren.

Die Nudeln abgießen und zur Sauce geben. Leicht unterheben, dann auf vorgewärmten Tellern anrichten, mit Petersilie garnieren und sofort servieren.

Variation

Sie können den Schinken auch durch Pancetta oder anderen Speck ersetzen.

Linguine mit Lamm

Fleisch & Geflügel

Zutaten für 4 Personen

- 4 EL Olivenöl
- 300 g entbeintes Lammfleisch, gewürfelt
- 1 Knoblauchzehe, fein gehackt
- 1 Lorbeerblatt
- 250 ml trockener Weißwein
- Salz und Pfeffer
- 2 große gelbe Paprika, gewürfelt
- 4 Tomaten, gehäutet und gewürfelt
- 250 g Linguine

So geht's

Die Hälfte des Olivenöls in einer großen Pfanne erhitzen. Die Lammfleischwürfel darin bei mittlerer Hitze unter häufigem Rühren rundum anbraten. Den Knoblauch zugeben und 1 weitere Minute braten. Das Lorbeerblatt zufügen, den Wein zugießen und alles nach Belieben mit Salz und Pfeffer abschmecken. Aufkochen, dann 5 Minuten einkochen lassen.

Das restliche Öl, Paprika und Tomaten zufügen und gut unterrühren. Die Hitze reduzieren, den Topf abdecken und die Sauce unter Rühren 45 Minuten köcheln lassen.

Unterdessen in einem großen Topf leicht gesalzenes Wasser aufkochen. Die Pasta darin al dente kochen. Abgießen, abtropfen lassen und in eine vorgewärmte Servierschüssel füllen. Das Lorbeerblatt aus der Sauce entfernen. Die Sauce auf die Pasta geben, alles gut vermengen und servieren.

Tagliatelle mit Huhn & Pilzen

Fleisch & Geflügel

Zutaten für 4 Personen

- 25 g getrocknete Shiitake-Pilze
- 350 ml heißes Wasser
- 1 EL Olivenöl
- 6 Scheiben durchwachsener Speck, gewürfelt
- 3 Hähnchenbrustfilets, in Streifen geschnitten
- 100 g frische Shiitake-Pilze, in Scheiben geschnitten
- 1 kleine Zwiebel, fein gehackt
- 1 TL frisch gehackter Oregano oder Majoran
- 250 ml Hühnerbrühe
- 300 g Crème double
- Salz und Pfeffer
- 450 g Tagliatelle
- 50 g frisch geriebener Parmesan
- frisch gehackte glatte Petersilie, zum Garnieren

So geht's

Die getrockneten Pilze in eine Schüssel mit heißem Wasser geben und 30 Minuten einweichen lassen. Aus der Schüssel nehmen und die Flüssigkeit in den Pilzen über der Schüssel ausdrücken. Die Pilze in Scheiben schneiden, die Stiele nicht verwenden.

Das Öl bei mittlerer Hitze in einer großen Pfanne erhitzen. Speck und Hähnchenbrust zufügen und 3 Minuten anbraten. Die getrockneten und frischen Pilze, Zwiebel und Oregano zugeben. 5–7 Minuten andünsten. Brühe und Pilzwasser zugießen. Unter Rühren aufkochen, dann 10 Minuten unter Rühren köcheln lassen, bis alles reduziert ist. Die Crème double zugeben und das Ganze weitere 5 Minuten unter Rühren köcheln lassen, bis die Sauce andickt. Mit Salz und Pfeffer abschmecken. Die Pfanne vom Herd nehmen und beiseitestellen.

In einem großen Topf leicht gesalzenes Wasser zum Kochen bringen. Die Nudeln darin al dente kochen. Abgießen, abtropfen lassen und in eine Servierschüssel geben. Die Sauce über den Nudeln verteilen. Die Hälfte des Parmesans unterrühren. Mit Petersilie bestreuen und mit dem restlichen Parmesan servieren.

Fusilli mit Geflügelroulade

Fleisch & Geflügel

Zutaten für 4 Personen

- 4 Hähnchenbrustfilets
- 25 g frische Basilikumblätter
- 1 EL Haselnüsse
- 1 Knoblauchzehe, zerdrückt
- Salz und Pfeffer
- 250 g Vollkorn-Fusilli
- 2 EL Olivenöl
- 2 sonnengetrocknete oder frische Tomaten
- 1 EL Zitronensaft
- 1 EL Kapern
- 50 g schwarze Oliven, entsteint

So geht's

Die Hähnchenbrustfilets mit einem Nudelholz gleichmäßig flach drücken. Basilikum und Haselnüsse in einer Küchenmaschine fein hacken und mit Knoblauch, Salz und Pfeffer mischen.

Die Hähnchenbrüste mit der Basilikummischung bestreichen und dann von der schmalen Seite her aufrollen. Die Rollen fest in Alufolie einwickeln und die Enden sorgfältig zudrehen.

In einem Topf leicht gesalzenes Wasser aufkochen. Die Fusilli darin mit 1 Esslöffel Öl 8–10 Minuten al dente kochen. In einen großen Topf mit Dämpfeinsatz etwas Wasser füllen und aufkochen lassen. Die Hähnchenpakete in den Dämpfeinsatz legen, den Topf bedecken und 10 Minuten über dem kochenden Wasser dämpfen.

Unterdessen die Tomaten würfeln. Die Nudeln abtropfen lassen und wieder in den Topf geben. Zitronensaft, restliches Olivenöl, Tomaten, Kapern und Oliven hinzufügen, kurz unterrühren und alles erhitzen.

Die Rouladen zur Garprobe mit einem Holzspieß einstechen, um zu prüfen, ob der Fleischsaft klar ist. In Scheiben schneiden, auf den Fusilli anrichten und servieren.

Hähnchenbrust mit Penne

Fleisch & Geflügel

Zutaten für 2 Personen

- Salz und Pfeffer
- 200 g Penne
- 1 EL Olivenöl
- 2 Hähnchenbrustfilets
- 4 EL trockener Weißwein
- 120 g Erbsen, Tiefkühlware aufgetaut
- 80 g Crème double
- 1 EL frisch gehackte Petersilie, zum Garnieren

So geht's

In einem großen Topf leicht gesalzenes Wasser zum Kochen bringen und die Penne darin 8–10 Minuten al dente kochen.

Unterdessen das Öl in einer Pfanne erhitzen und das Fleisch darin bei mittlerer Hitze etwa 4 Minuten von jeder Seite anbraten.

Den Wein zugießen und bei starker Hitze auf ein Drittel reduzieren. Die Nudeln abgießen. Erbsen, Crème double und Nudeln in die Pfanne geben, mit Salz und Pfeffer abschmecken und gut verrühren. Abdecken und 2 Minuten köcheln lassen. Mit Petersilie garnieren und servieren.

Fusilli mit Speck & Pilzen

Fleisch & Geflügel

Zutaten für 4 Personen

- 1 EL Olivenöl
- 4 Scheiben Pancetta oder durchwachsener Speck
- 120 g Champignons, in Scheiben geschnitten
- 250 g Fusilli
- 2 Eier, verquirlt
- 120 g Mozzarella oder Gouda, gewürfelt
- Salz und Pfeffer
- frisch gehackte glatte Petersilie, zum Garnieren

So geht's

Das Öl in einer Pfanne erhitzen und Pancetta oder Speck darin knusprig anbraten. Mit einer Gabel aus der Pfanne heben, in kleine Stücke schneiden und beiseitestellen. Das ausgelassene Fett nicht abgießen.

Die Champignons etwa 5–7 Minuten in der Pfanne dünsten, anschließend vom Herd nehmen.

In einem großen Topf leicht gesalzenes Wasser aufkochen. Die Fusilli darin 8–10 Minuten al dente kochen, dann abgießen und wieder in den Topf geben.

Champignons, Eier und Käse zu den Nudeln geben. Alles mit Salz und Pfeffer abschmecken und so lange vermengen, bis der Käse geschmolzen ist.

In eine vorgewärmte Schüssel geben. Mit den Speckstücken und der Petersilie bestreuen und sofort servieren.

Fisch & Meeresfrüchte

Fusilli mit Seeteufel

Fisch & Meeresfrüchte

Zutaten für 4 Personen

- 120 g Brokkoli, in Röschen zerteilt
- 3 EL Olivenöl
- 350 g Seeteufelfilet, ohne Haut und in mundgerechte Stücke zerteilt
- 2 Knoblauchzehen, zerdrückt
- Salz und Pfeffer
- 125 ml trockener Weißwein
- 250 g Crème double oder Panna da cucina
- 400 g Fusilli bucati
- 80 g Gorgonzola, gewürfelt

So geht's

Die Brokkoliröschen in einem Topf mit kochendem Salzwasser geben und 2 Minuten garen. Abgießen und unter fließend kaltem Wasser abschrecken.

Das Olivenöl in einer großen Pfanne erhitzen. Die Seeteufelstücke und den Knoblauch hineingeben und mit Salz und Pfeffer bestreuen. Unter ständigem Rühren 5 Minuten dünsten, bis der Fisch nicht mehr glänzend ist. Weißwein und Crème double zugeben und unter gelegentlichem Rühren weitere 5 Minuten garen, bis der Fisch gar und die Sauce eingedickt ist. Die Brokkolistückchen unterrühren.

Unterdessen in einem großen Topf leicht gesalzenes Wasser aufkochen. Die Pasta darin al dente kochen. Abgießen, abtropfen lassen und in den Topf mit der Fischmischung geben. Den Käse zugeben und alles leicht vermengen. Sofort servieren.

Linguine mit Räucherlachs

Fisch & Meeresfrüchte

Zutaten für 4 Personen

- 350 g Linguine
- 2 EL Olivenöl
- 1 Knoblauchzehe, fein gehackt
- 120 g Räucherlachs, in dünne Streifen geschnitten
- 50 g Rucola
- Salz und Pfeffer
- 4 Zitronenhälften, zum Garnieren

So geht's

In einem großen Topf leicht gesalzenes Wasser zum Kochen bringen. Die Pasta darin al dente kochen.

Kurz vor Ende der Kochzeit das Olivenöl in einer Pfanne erhitzen. Den Knoblauch hineingeben und bei geringer Hitze unter ständigem Rühren 1 Minute andünsten, aber nicht braun werden lassen, da er sonst bitter schmeckt. Lachs und Rucola zugeben. Nach Belieben mit Salz und Pfeffer abschmecken und unter ständigem Rühren 1 Minute dünsten. Die Pfanne vom Herd nehmen.

Die Pasta abgießen, abtropfen lassen und in eine vorgewärmte Servierschüssel geben. Die Lachs-Rucola-Mischung zugeben, leicht unterheben und mit den Zitronenhälften garniert servieren.

Fettuccine alla bucaniera

Fisch & Meeresfrüchte

Zutaten für 4 Personen

- 5 EL Mehl
- Salz und Pfeffer
- 450 g Seezungenfilet, in dicke Stücke geschnitten
- 450 g Seeteufelfilet, in dicke Stücke geschnitten
- 100 g Butter
- 4 Schalotten, fein gehackt
- 2 Knoblauchzehen, zerdrückt
- 1 Karotte, gewürfelt
- 1 Porreestange, in feinen Streifen
- 300 ml Fischfond
- 300 ml trockener Weißwein
- 2 TL Sardellenpaste
- 1 EL Balsamico-Essig
- 450 g Fettuccine
- frisch gehackte glatte Petersilie, zum Garnieren

So geht's

Das Mehl mit Salz und Pfeffer würzen und 2 Esslöffel davon auf einem Teller verteilen. Alle Fischstücke darin wenden, überschüssiges Mehl entfernen. Die Butter in einer tiefen Pfanne erhitzen. Fisch, Schalotten, Knoblauch, Karotte und Porree hineingeben und bei geringer Hitze unter häufigem Rühren 10 Minuten garen. Das restliche gewürzte Mehl einstreuen und unter ständigem Rühren 1 Minute anschwitzen.

Fischfond, Wein, Sardellenpaste und Balsamico-Essig verquirlen und portionsweise unter die Fischmischung rühren. Unter ständigem Rühren aufkochen, dann die Hitze reduzieren und das Ganze 35 Minuten köcheln lassen.

Unterdessen in einem großen Topf leicht gesalzenes Wasser aufkochen. Die Pasta darin al dente kochen. Abgießen, abtropfen lassen und in eine vorgewärmte Servierschüssel füllen. Die Fischmischung auf die Pasta geben. Mit der gehackten Petersilie garnieren und sofort servieren.

Mafalde mit frischem Lachs

Fisch & Meeresfrüchte

Zutaten für 4 Personen

- 350 g Lachsfilet
- frische Stängel Dill, plus etwas mehr zum Garnieren
- 250 ml trockener Weißwein
- Salz und Pfeffer
- 6 Tomaten, gehäutet und gewürfelt
- 150 g Crème double
- 350 g Mafalde, Tagliatelle oder Fettuccine
- 120 g gekochte Garnelen, ausgelöst

So geht's

Den Lachs in eine große Pfanne legen. Einige Dillstängel hinzugeben, den Wein zugießen und mit Salz und Pfeffer würzen. Aufkochen, dann die Hitze reduzieren, den Deckel auflegen und den Lachs 5 Minuten pochieren, bis sich das Lachsfleisch leicht zerteilen lässt. Mit einem Fischheber herausnehmen und etwas abkühlen lassen, den Kochsud aufbewahren. Falls erforderlich, Hautreste und Gräten entfernen und wegwerfen, dann das Lachsfleisch in große Stücke zerteilen.

Tomaten und Crème double in den aufbewahrten Kochsud geben. Aufkochen, dann die Hitze reduzieren und die Mischung 15 Minuten köchelnd eindicken lassen.

Unterdessen in einem großen Topf leicht gesalzenes Wasser aufkochen. Die Pasta darin al dente kochen. Abgießen, abtropfen lassen und in eine vorgewärmte Servierschüssel füllen.

Lachs und Garnelen zu der Tomatenmischung geben und vorsichtig unterrühren, bis sie mit der Sauce überzogen sind. Die Lachssauce auf der Pasta verteilen. Leicht unterheben, mit Dillstängeln garnieren und servieren.

Conchiglie mit Lachs

Fisch & Meeresfrüchte

Zutaten für 4 Personen

- Salz und Pfeffer
- 450 g Conchiglie
- 300 g saure Sahne
- 2 TL körniger Senf
- 4 große Frühlingszwiebeln, in feine Ringe geschnitten
- 250 g geräucherter Lachs, in mundgerechte Stücke geschnitten
- fein abgeriebene Schale von ½ unbehandelten Zitrone
- 2 EL frisch gehackter Schnittlauch, zum Garnieren

So geht's

In einem großen Topf leicht gesalzenes Wasser aufkochen. Die Conchiglie darin 8–10 Minuten al dente kochen. Abgießen, abtropfen lassen und in den Topf zurückgeben.

Saure Sahne, Senf, Frühlingszwiebeln, Lachs und Zitronenschale zu den Nudeln geben. Bei geringer Hitze unter Rühren erwärmen und mit Pfeffer abschmecken.

In eine Servierschüssel geben und mit dem Schnittlauch garnieren. Heiß oder auf Zimmertemperatur abgekühlt servieren.

Linguine alla puttanesca

Fisch & Meeresfrüchte

Zutaten für 4 Personen

- 3 EL Olivenöl
- 2 Knoblauchzehen, fein gehackt
- 10 Sardellenfilets, abgetropft und gehackt
- 150 g schwarze Oliven, entsteint und gehackt
- 1 EL Kapern, abgetropft
- 450 g Eiertomaten, gehäutet, entkernt und gehackt
- 1 Prise Cayennepfeffer
- Salz
- 400 g Linguine
- 2 EL frisch gehackte glatte Petersilie, zum Garnieren
- frisches, knuspriges Brot, zum Servieren

So geht's

Das Olivenöl in einer Pfanne mit Deckel erhitzen. Den Knoblauch zugeben und bei schwacher Hitze 2 Minuten dünsten. Die Sardellenfilets zugeben und mit einer Gabel zu einer Paste zerdrücken. Oliven, Kapern und Tomaten zugeben und alles mit Cayennepfeffer abschmecken. Den Deckel auflegen und das Ganze 25 Minuten köcheln lassen.

Unterdessen in einem großen Topf leicht gesalzenes Wasser aufkochen. Die Nudeln darin 8–10 Minuten al dente kochen. Abgießen, abtropfen lassen und in eine vorgewärmte Schüssel geben.

Die Sardellensauce zugeben und gründlich mit den Nudeln vermengen. Mit Petersilie garnieren und sofort zusammen mit dem Brot servieren.

Penne mit Tintenfisch

Fisch & Meeresfrüchte

Zutaten für 4 Personen

- 250 g Penne
- 350 g küchenfertiger Tintenfisch
- 6 EL Olivenöl
- 2 Zwiebeln, in Ringe geschnitten
- 250 ml Fischfond oder Hühnerbrühe
- 150 ml kräftiger Rotwein
- 400 g gehackte Tomaten aus der Dose
- 2 EL Tomatenmark
- 1 EL frisch gehackter Majoran
- 1 Lorbeerblatt
- Salz und Pfeffer
- 2 EL frisch gehackte glatte Petersilie, zum Garnieren

So geht's

In einem großen Topf leicht gesalzenes Wasser aufkochen. Die Nudeln darin 3 Minuten kochen. Abgießen, abtropfen lassen und beiseitestellen. Den Tintenfisch mit einem scharfen Messer in Streifen schneiden.

Das Olivenöl in einem großen Topf erhitzen. Die Zwiebeln hineingeben und bei geringer Hitze unter gelegentlichem Rühren 5 Minuten weich dünsten. Tintenfisch und Fischfond zugeben, alles aufkochen und 3 Minuten köcheln lassen. Wein, gehackte Tomaten samt Saft aus der Dose, Tomatenmark, Majoran und Lorbeerblatt unterrühren. Alles gut mit Salz und Pfeffer abschmecken. Aufkochen und 5 Minuten leicht köcheln lassen.

Die Penne zugeben. Wieder aufkochen und die Nudeln al dente kochen. Das Lorbeerblatt entfernen. Das Gericht in eine vorgewärmte Servierschüssel geben, mit Petersilie garnieren und sofort servieren.

Meeresfrüchte mit Capellini

Fisch & Meeresfrüchte

Zutaten für 4 Personen

- 80 g küchenfertiger Tintenfisch
- 1 TL Speisestärke
- 1 EL Wasser
- 1 Eiweiß
- 4 Jakobsmuscheln, ausgelöst und in Scheiben geschnitten
- 80 g rohe Garnelen, ausgelöst
- Salz
- 350 g Capellini (dünne Fadennudeln)
- 3 EL Erdnussöl
- 50 g Zuckererbsen
- 1 EL dunkle Sojasauce
- 1 EL trockener Sherry
- ½ TL brauner Zucker
- 2 Frühlingszwiebeln, in feine Streifen geschnitten

So geht's

Die Tintenfische öffnen und mit einem scharfen Messer auf der Innenseite kreuzförmig einritzen. In kleine quadratische Stücke (etwa 2 cm Seitenlänge) schneiden. Diese in einer Schüssel mit kochendem Wasser übergießen. Wenn sich die Quadrate zusammengerollt haben, abgießen und mit kaltem Wasser abspülen. Speisestärke und Wasser in einer kleinen Schüssel zu einer Paste verrühren, das Eiweiß unterrühren. Jakobsmuscheln und Garnelen zugeben und in der Mischung wenden, bis sie überzogen sind.

In einem großen Topf leicht gesalzenes Wasser aufkochen. Die Pasta darin al dente kochen.

Unterdessen das Öl in einem vorgewärmten Wok oder in einer Pfanne erhitzen. Zuckererbsen, Tintenfisch, Jakobsmuscheln und Garnelen hineingeben und 2 Minuten pfannenrühren. Sojasauce, Sherry, Zucker und Frühlingszwiebeln zugeben und unter Rühren 1 weitere Minute garen. Die Pasta abgießen, abtropfen lassen und auf vorgewärmte Teller geben. Die Meeresfrüchte mit Gemüse darauf verteilen und servieren.

Fettuccine mit Sardellen

Fisch & Meeresfrüchte

Zutaten für 4 Personen

- 1 kg frischer Spinat
- 400 g Fettuccine
- 5 EL Olivenöl
- 3 EL Pinienkerne
- 3 Knoblauchzehen, zerdrückt
- 8 Sardellenfilets, abgetropft und gehackt
- Salz und Pfeffer

So geht's

Harte Spinatstängel entfernen. Die Blätter waschen und nass in einen großen Topf geben. Abdecken und bei mittlerer Hitze dünsten. Den Topf hin und wieder rütteln, bis die Blätter zusammenfallen, aber ihre Farbe noch nicht verloren haben. Gut abtropfen lassen und warm stellen.

In einem großen Topf leicht gesalzenes Wasser zum Kochen bringen. Die Fettuccine darin al dente kochen.

In einem Topf 4 Esslöffel Olivenöl erhitzen und die Pinienkerne darin goldgelb rösten. Herausnehmen und beiseitestellen.

Den Knoblauch in den Topf geben und goldgelb andünsten, dann die Sardellen und den Spinat zugeben. Unter Rühren alles 2–3 Minuten erwärmen. Die Pinienkerne zum Spinat geben und gut mit Salz und Pfeffer abschmecken.

Die Fettuccine abgießen, mit dem restlichen Olivenöl vermengen und in eine vorgewärmte Schüssel geben. Die Sauce über die Nudeln geben, gut vermengen und sofort servieren.

Linguine alla maestra

Fisch & Meeresfrüchte

Zutaten für 6 Personen

- 450 g rohe Garnelen
- 2 EL Butter
- 2 Schalotten, fein gehackt
- 250 ml trockener weißer Wermut
- 350 ml Wasser
- 450 g Linguine
- 2 EL Olivenöl
- 450 g frische oder tiefgefrorene Jakobsmuscheln, ausgelöst
- 2 EL frische Schnittlauchröllchen
- Salz und Pfeffer

So geht's

Die Garnelen auslösen und den Darmfaden entfernen; ihre Schalen aufbewahren. Die Butter in einer Pfanne zerlassen. Die Schalotten darin bei Hitze 5 Minuten weich dünsten. Die Garnelenschalen zugeben und unter ständigem Rühren 1 Minute mitdünsten. Den Wermut zugießen und 1 weitere Minute dünsten. Das Wasser zugießen und aufkochen, dann die Hitze reduzieren und die Flüssigkeit 10 Minuten köchelnd auf die Hälfte reduzieren. Die Pfanne vom Herd nehmen.

In einem großen Topf leicht gesalzenes Wasser zum Kochen bringen. Die Linguine darin 8–10 Minuten al dente kochen.

Unterdessen das Öl in einer anderen Pfanne erhitzen. Jakobsmuscheln und Garnelen hineingeben und unter ständigem Rühren 2 Minuten braten, bis die Jakobsmuscheln gar sind und die Garnelen sich verfärbt haben. Den Garnelenschalenfond durch ein Sieb in die Pfanne seihen. Die Nudeln abgießen, abtropfen lassen und zusammen mit dem Schnittlauch in die Pfanne geben. Nach Belieben mit Salz und Pfeffer abschmecken. Bei geringer Hitze alles noch einmal 1 Minute erwärmen und vermengen, dann servieren.

Tagliatelle mit Muscheln

Fisch & Meeresfrüchte

Zutaten für 4 Personen

- 1 große Zwiebel, gehackt
- 3 Knoblauchzehen, sehr fein gehackt
- 550 ml trockener Weißwein
- 1 Lorbeerblatt
- 2 frische Thymianzweige
- 5 EL frisch gehackte glatte Petersilie
- 1 EL frisch gehackter Rosmarin
- 50 g Butter
- 2 kg Miesmuscheln, abgebürstet und Bärte entfernt*
- Salz und Pfeffer
- 450 g Tagliatelle oder andere breite Nudeln

* Beschädigte Muscheln und Muscheln, die sich beim Gegenklopfen nicht sofort schließen, wegwerfen.

So geht's

Zwiebel, Knoblauch, Weißwein, Kräuter und die Hälfte der Butter in einen Topf geben. Aufkochen, dann die Hitze reduzieren. Die Muscheln zufügen und den Sud abschmecken. Den Topf abdecken und die Muscheln bei mittlerer Hitze 3–4 Minuten kochen, bis sie sich öffnen, dabei gelegentlich am Topf rütteln. Vom Herd nehmen. Die Muscheln mit einem Schaumlöffel herausnehmen, die Flüssigkeit zurückbehalten. Noch geschlossene Muscheln wegwerfen. Einige Muscheln zum Garnieren in der Schale lassen, die anderen Muscheln aus der Schale lösen.

In einem großen Topf leicht gesalzenes Wasser aufkochen. Die Pasta darin al dente kochen. Abgießen, abtropfen lassen und in tiefe Teller geben. Die Muscheln über den Nudeln verteilen. Die restliche Butter in den Muschelsud einrühren, dann die Sauce über die Nudeln geben, mit den ganzen Muscheln garnieren und sofort servieren.

Meeresfrüchte-Päckchen

Fisch & Meeresfrüchte

Zutaten für 4 Personen

- 2 EL natives Olivenöl extra
- 2 frische rote Chilies, fein gehackt
- 4 Knoblauchzehen, fein gehackt
- 800 g gehackte Tomaten aus der Dose
- 250 ml trockener Weißwein
- Salz und Pfeffer
- 350 g Spaghetti
- 2 EL Butter
- 120 g küchenfertiger Tintenfisch, in Scheiben geschnitten
- 175 g rohe Riesengarnelen
- 450 g Miesmuscheln, abgebürstet und Bärte entfernt*
- 1 Krebs (etwa 1,5 kg), gekocht und ausgelöst
- 3 EL frisch gehackte glatte Petersilie
- 1 EL frisch gehackte Basilikumblätter

* Beschädigte Muscheln und Muscheln, die sich beim Gegenklopfen nicht sofort schließen, wegwerfen.

So geht's

Die Hälfte des Öls erhitzen. Je die Hälfte der Chilies und des Knoblauchs zugeben und bei mittlerer Hitze 2–3 Minuten schmoren. Tomaten mit Saft und Wein einrühren, die Hitze reduzieren und 1 Stunde köcheln. Den Sud abseihen, mit Salz und Pfeffer würzen und beiseitestellen.

In einem Topf leicht gesalzenes Wasser aufkochen und die Nudeln darin 8–10 Minuten al dente kochen. Inzwischen das restliche Öl und Butter in einen großen Topf erhitzen und die restlichen Chili und Knoblauch dünsten. Tintenfisch, Garnelen und Muscheln einrühren und 4–5 Minuten dünsten, bis die Muscheln geöffnet sind. Den Topf vom Herd nehmen, Krebsfleisch, Nudeln, Tomatensud, Petersilie und Basilikum zufügen und gut verrühren. Den Backofen auf 180 °C vorheizen.

Aus Backpapier 4 große Quadrate zuschneiden. Die Meeresfrüchtemischung auf je eine Papierhälfte geben, das Papier über den Inhalt schlagen, alle Seiten falten und gut verschließen. 10 Minuten auf einem Blech backen, bis sich die Päckchen aufblähen. Öffnen und servieren.

Pasta mit Thunfisch & Zitrone

Fisch & Meeresfrüchte

Zutaten für 4 Personen

- 350 g Conchiglie oder Gnocchi
- 4 EL Olivenöl
- 50 g Butter
- 3 große Knoblauchzehen, in feine Scheiben geschnitten
- 200 g Thunfisch aus der Dose, abgetropft und in mundgerechte Stücke zerteilt
- 2 EL Zitronensaft
- 1 EL Kapern aus dem Glas, abgetropft
- 10–12 schwarze Oliven, entsteint und in Ringe geschnitten
- 2 EL frisch gehackte glatte Petersilie
- gemischte Salatblätter, zum Servieren

So geht's

In einem großen Topf leicht gesalzenes Wasser zum Kochen bringen. Die Nudeln darin al dente kochen. Abgießen, abtropfen lassen und in den Topf zurückgeben.

Das Öl und die Hälfte der Butter bei mittlerer Hitze in einer Pfanne erhitzen. Den Knoblauch zufügen und glasig dünsten. Die Hitze reduzieren und Thunfisch, Zitronensaft, Kapern und Oliven zufügen. Vorsichtig verrühren, bis alle Zutaten heiß sind.

Die Nudeln in eine vorgewärmte Schüssel geben. Die Sauce über den Nudeln verteilen. Die Petersilie und die restliche Butter zufügen und alles gut mischen. Sofort mit dem Salat servieren.

Spaghetti mit Garnelen

Fisch & Meeresfrüchte

Zutaten für 4 Personen

- 3 EL Olivenöl
- 3 EL Butter
- 4 Knoblauchzehen, sehr fein gehackt
- 2 EL fein gewürfelte rote Paprika
- 2 EL Tomatenmark
- 125 ml trockener Weißwein
- 450 g Spaghetti oder Tagliatelle
- 350 g rohe Garnelen, ausgelöst
- 125 g Crème double
- Salz und Pfeffer
- 3 EL frisch gehackte glatte Petersilie

So geht's

Öl und Butter bei mittlerer Hitze in einem Topf erhitzen. Knoblauch und Paprika zufügen. Ein paar Sekunden dünsten, bis der Knoblauch glasig ist. Tomatenmark und Wein einrühren. 10 Minuten unter Rühren kochen.

In einem großen Topf leicht gesalzenes Wasser zum Kochen bringen. Die Nudeln darin al dente kochen. Abgießen, abtropfen lassen und zurück in den Topf geben.

Die Garnelen in die Sauce geben und die Hitze erhöhen. 2 Minuten unter Rühren garen, bis die Garnelen rosa werden. Die Hitze reduzieren und die Crème double einrühren. 1 Minute unter ständigem Rühren köcheln lassen, bis die Sauce andickt. Mit Salz und Pfeffer abschmecken.

Die Nudeln in eine vorgewärmte Schüssel geben. Die Sauce darüber verteilen und mit Petersilie bestreuen. Gut mischen und sofort servieren.

Frühlingsnudeln

Fisch & Meeresfrüchte

Zutaten für 4 Personen

- 2 EL Zitronensaft
- 2 Baby-Artischocken
- 100 ml Olivenöl
- 2 Schalotten, fein gehackt
- 2 Knoblauchzehen, fein gehackt
- 2 EL frisch gehackte glatte Petersilie
- 2 EL frisch gehackte Minze
- 350 g Rigatoni oder andere Röhrennudeln
- 12 rohe Riesengarnelen
- 2 EL Butter
- Salz und Pfeffer

So geht's

Eine Schüssel mit kaltem Wasser füllen und den Zitronensaft zugeben. Die Stiele und harten äußeren Blätter von den Artischocken entfernen. Die Blattspitzen abschneiden. Längs halbieren und das Heu aus dem Inneren entfernen. Die Artischocken längs in 5 mm dicke Scheiben schneiden und in die Schüssel legen.

In einer Pfanne 70 ml Öl erhitzen. Die Artischockenscheiben abgießen und mit Küchenpapier trocken tupfen. Mit Schalotten, Knoblauch, Petersilie und Minze in die Pfanne geben und bei schwacher Hitze unter Rühren 10–12 Minuten dünsten.

Unterdessen in einem großen Topf leicht gesalzenes Wasser aufkochen. Die Nudeln darin 8–10 Minuten al dente kochen.

Die Garnelen schälen und den schwarzen Darmfaden entfernen. Die Butter in einer kleinen Pfanne zerlassen, die Garnelen halbieren und zugeben. Unter Rühren 2–3 Minuten braten. Mit Salz und Pfeffer abschmecken.

Die Nudeln abgießen und in einer Schüssel mit dem restlichen Olivenöl vermengen. Artischocken und Garnelen unterheben. Sofort servieren.

Spaghetti frutti di mare

Fisch & Meeresfrüchte

Zutaten für 4 Personen

- 250 g Spaghetti, in 15 cm lange Stücke gebrochen
- 1 EL Olivenöl
- 300 ml Hühnerbrühe
- 1 TL Zitronensaft
- 1 kleiner Blumenkohl, in Röschen zerteilt
- 2 Karotten, in dünne Scheiben geschnitten
- 120 g Zuckererbsen
- 50 g Butter
- 1 Zwiebel, in Ringe geschnitten
- 250 g Zucchini, in Scheiben geschnitten
- 1 Knoblauchzehe, gehackt
- 350 g frische oder tiefgefrorene Krabben, ausgelöst
- Salz und Pfeffer
- 2 EL frisch gehackte Petersilie
- 2–3 EL frisch geriebener Parmesan
- ½ TL Paprikapulver
- 4 gekochte Riesengarnelen, ungeschält, zum Garnieren (optional)
- frisches, knuspriges Brot, zum Servieren

So geht's

In einem großen Topf leicht gesalzenes Wasser zum Kochen bringen. Die Spaghetti darin al dente kochen. Abgießen, in den Topf zurückgeben, mit dem Öl vermengen und abgedeckt warm halten.

Brühe und Zitronensaft in einem Topf aufkochen. Blumenkohl und Karotten zufügen und 3–4 Minuten kochen, dann aus dem Topf nehmen und beiseitestellen. Anschließend die Zuckererbsen in der Brühe 1–2 Minuten garen, herausnehmen und mit dem restlichen Gemüse beiseitestellen. Die Brühe später für ein anderes Gericht verwenden.

Die Hälfte der Butter bei mittlerer Hitze in einer Pfanne zerlassen. Zwiebel und Zucchini darin 3 Minuten dünsten. Knoblauch und Krabben zugeben und weitere 2–3 Minuten garen. Das vorgegarte Gemüse dazugeben und erhitzen. Die Mischung mit Salz und Pfeffer abschmecken und die restliche Butter einrühren.

Die Nudeln auf gewärmte Teller verteilen, das Krabben-Gemüse darübergießen, die Petersilie zugeben und mischen. Mit Parmesan und Paprika bestreuen, mit Garnelen garnieren und mit Brot servieren.

Spaghetti mit Muscheln

Fisch & Meeresfrüchte

Zutaten für 4 Personen

- 1 kg frische Muscheln, unter fließend kaltem Wasser abgebürstet, die Bärte entfernt*
- 175 ml Wasser
- 175 ml trockener Weißwein
- 350 g Spaghetti
- 80 ml Olivenöl
- 2 Knoblauchzehen, fein gehackt
- 4 EL frisch gehackte glatte Petersilie
- Salz und Pfeffer

* Beschädigte Muscheln und Muscheln, die sich beim Gegenklopfen nicht sofort schließen, wegwerfen.

So geht's

Die Muscheln in einen großen Topf geben, Wasser und Wein zugießen, abdecken und bei starker Hitze 5 Minuten kochen. Dabei gelegentlich am Topf rütteln.

Die Muscheln mit einem Schaumlöffel herausnehmen und zum Abkühlen beiseitestellen. Ein Sieb mit Musselin auslegen und die Kochflüssigkeit durch das Sieb in einen kleinen Topf gießen. Kochend auf die Hälfte reduzieren, dann vom Herd nehmen. Unterdessen alle nicht geöffneten Muscheln aussortieren, die anderen aus den Schalen lösen und beiseitestellen.

In einem großen Topf leicht gesalzenes Wasser aufkochen. Die Nudeln darin 8–10 Minuten al dente kochen.

Unterdessen das Olivenöl in einer großen Pfanne erhitzen. Den Knoblauch zugeben und 2 Minuten andünsten. Petersilie und Kochsud zugeben und leicht köcheln lassen.

Die Nudeln abgießen und mit den Muscheln in die Pfanne geben. Mit Salz und Pfeffer abschmecken und unter ständigem Rühren 4 Minuten durchwärmen, bis alles gut vermischt ist und die Muscheln heiß sind. In eine Schüssel geben und sofort servieren.

Fettuccine mit Jakobsmuscheln

Fisch & Meeresfrüchte

Zutaten für 4 Personen

- 25 g getrocknete Steinpilze
- 550 ml heißes Wasser
- 3 EL Olivenöl
- 3 EL Butter
- 350 g Jakobsmuscheln, ausgelöst und in Scheiben geschnitten
- 2 Knoblauchzehen, sehr fein gehackt
- 2 EL Zitronensaft
- 250 g Crème double
- Salz und Pfeffer
- 350 g Fettuccine oder Pappardelle
- 2 EL frisch gehackte glatte Petersilie

So geht's

Die Steinpilze in eine Schüssel geben, mit heißem Wasser übergießen. 20 Minuten einweichen. Die Pilze ausdrücken, dabei das überschüssige Wasser auffangen, dann die Pilze grob würfeln. Ein Sieb mit 2 Lagen Küchenpapier auslegen und das Pilzwasser in eine Schüssel durchseihen.

Öl und Butter bei mittlerer Hitze in einer großen Pfanne erhitzen. Die Muscheln zufügen und 2 Minuten goldgelb dünsten. Knoblauch und Pilze zugeben und 1 weitere Minute anbraten.

Zitronensaft, Crème double und 125 ml Pilzwasser zufügen. Aufkochen und bei mittlerer Hitze etwa 2–3 Minuten unter ständigem Rühren köcheln lassen, bis die Flüssigkeit um die Hälfte reduziert ist. Mit Salz und Pfeffer abschmecken und vom Herd nehmen.

In einem großen Topf leicht gesalzenes Wasser zum Kochen bringen. Die Nudeln darin al dente kochen. Abgießen, abtropfen lassen und in eine vorgewärmte Servierschüssel geben. Die Sauce kurz erhitzen und über die Nudeln geben. Mit der Petersilie bestreuen und gut mischen. Sofort servieren.

Vegetarische Gerichte

Fettuccine mit Ricotta

Vegetarische Gerichte

Zutaten für 4 Personen

- 350 g Fettuccine
- 3 EL Butter
- 2 EL frisch gehackte glatte Petersilie, plus einige Blätter zum Garnieren
- 125 g Ricotta
- 125 g gemahlene Mandeln
- 150 g saure Sahne
- 2 EL natives Olivenöl extra
- 125 ml heiße Hühnerbrühe
- 1 Prise frisch gemahlene Muskatnuss
- Salz und Pfeffer
- 1 EL Pinienkerne, zum Garnieren

So geht's

In einem großen Topf leicht gesalzenes Wasser aufkochen. Die Pasta darin al dente kochen. Abgießen, gut abtropfen lassen und zurück in den Topf geben. Butter und gehackte Petersilie zugeben und gut vermengen.

Ricotta, gemahlene Mandeln und saure Sahne in einer Schüssel glatt rühren. Das Öl nach und nach unterrühren, anschließend auch die heiße Hühnerbrühe. Mit Muskatnuss, Salz und Pfeffer abschmecken.

Die Pasta in eine vorgewärmte Schüssel geben, mit der Sauce übergießen und alles gut vermengen. Mit den Pinienkernen und den Petersilienblättern garnieren und sofort servieren.

Fettuccine all'Alfredo

Vegetarische Gerichte

Zutaten für 4 Personen

- 2 EL Butter
- 250 g Crème double
- 450 g frische Fettuccine
- 1 EL Olivenöl
- 100 g frisch geriebener Parmesan, plus etwas mehr zum Servieren
- 1 Prise frisch geriebene Muskatnuss
- Salz und Pfeffer
- frische glatte Petersilienblätter, zum Garnieren

So geht's

Butter und 150 g Crème double in einen großen Topf geben und bei mittlerer Hitze aufkochen. Dann die Hitze reduzieren und alles einige Minuten köchelnd leicht eindicken lassen.

Unterdessen in einem großen Topf leicht gesalzenes Wasser aufkochen. Die Fettuccine darin al dente kochen. Abgießen, zurück in den Topf geben, dann die Sahnesauce darübergießen. Die Nudeln bei geringer Hitze mit der Sauce vermengen.

Die restliche Crème double, Parmesan und Muskat zu den Nudeln geben und mit Salz und Pfeffer abschmecken. Alles gut vermengen und sanft erhitzen.

Die Fettuccine auf einen vorgewärmten Servierteller geben, mit frischer Petersilie garnieren und mit zusätzlichem Parmesan servieren.

Paglia e fieno

Vegetarische Gerichte

Zutaten für 4 Personen

- 350 g frische weiße Semmelbrösel
- 4 EL frisch gehackte glatte Petersilie
- 1 EL frische Schnittlauchröllchen
- 2 EL frisch gehackter Majoran
- 3 EL Olivenöl, plus etwas mehr zum Beträufeln
- 3–4 Knoblauchzehen, fein gehackt
- 50 g Pinienkerne
- Salz und Pfeffer
- 450 g frische Paglia e fieno oder weiße und grüne Bandnudeln
- 50 g frisch geriebener Pecorino, zum Servieren

So geht's

Semmelbrösel, Petersilie, Schnittlauch und Majoran in einer kleinen Schüssel vermengen. Das Öl in einer großen Pfanne erhitzen. Semmelbröselmischung, Knoblauch und Pinienkerne zugeben, nach Belieben mit Salz und Pfeffer abschmecken und bei geringer Hitze unter ständigem Rühren 5 Minuten anbraten, bis die Semmelbrösel goldfarben, aber noch nicht knusprig sind. Die Pfanne vom Herd nehmen und zum Warmhalten abdecken.

Unterdessen in einem großen Topf leicht gesalzenes Wasser aufkochen. Die Pasta darin al dente kochen.

Die Pasta abgießen, abtropfen lassen und in eine vorgewärmte Servierschüssel füllen. Mit 2–3 Esslöffeln Olivenöl beträufeln und gut vermengen. Dann die Knoblauch-Semmelbrösel zugeben und wieder gut vermengen. Sofort mit dem geriebenen Pecorino servieren.

Fettuccine mit Tomaten

Vegetarische Gerichte

Zutaten für 4 Personen

- 4 Eiertomaten, gehäutet, entkernt und gehackt
- 4 Knoblauchzehen, fein gehackt
- 8 schwarze Oliven, entsteint und fein gehackt
- 1 frische rote Chili, entkernt und fein gehackt
- 2 EL frisch gehackte glatte Petersilie
- 2 EL natives Olivenöl extra
- 1 EL Zitronensaft
- Salz und Pfeffer
- 300 g Fettuccine

So geht's

Ein Sieb in eine Schüssel stellen und die Tomaten zum Abtropfen in das Sieb geben. Abdecken und 30 Minuten in den Kühlschrank stellen.

Knoblauch, Oliven, Chili, Petersilie, Öl und Zitronensaft in einer anderen Schüssel vermengen. Mit Salz und Pfeffer abschmecken. Abdecken und in den Kühlschrank stellen.

Die abgetropften Tomaten in die Knoblauchmischung geben, den aufgefangenen Saft weggießen.

In einem großen Topf leicht gesalzenes Wasser zum Kochen bringen. Die Fettuccine darin 8–10 Minuten al dente kochen. Gut abtropfen lassen und in eine Servierschüssel geben. Die Tomaten-Knoblauch-Mischung zugeben und alles gründlich vermengen. Sofort servieren.

Spaghetti aglio e olio

Vegetarische Gerichte

Zutaten für 4 Personen

- 450 g Spaghetti
- 125 ml natives Olivenöl extra
- 3 Knoblauchzehen, fein gehackt
- Salz und Pfeffer
- 3 EL frisch gehackte glatte Petersilie

So geht's

In einem großen Topf leicht gesalzenes Wasser aufkochen. Die Pasta darin al dente kochen.

Unterdessen das Olivenöl in einer Pfanne erhitzen. Den Knoblauch sowie 1 Prise Salz hineingeben und bei geringer Hitze unter ständigem Rühren 3–4 Minuten goldgelb anbraten. Den Knoblauch nicht braun werden lassen, da er sonst einen bitteren Geschmack erhält. Die Pfanne vom Herd nehmen.

Die Pasta abgießen, abtropfen lassen und in eine vorgewärmte Servierschüssel füllen. Das mit Knoblauch aromatisierte Olivenöl darübergießen, dann die Petersilie zugeben und nach Belieben mit Salz und Pfeffer abschmecken. Alles gut vermengen und sofort servieren.

Paprika-Fettuccine mit Oliven

Vegetarische Gerichte

Zutaten für 4 Personen

- 80 ml Olivenöl
- 1 Zwiebel, fein gehackt
- 200 g schwarze Oliven, entsteint und grob gehackt
- 400 g gehackte Tomaten aus der Dose, abgetropft
- 2 rote, gelbe oder orangefarbene Paprika, in dünne Streifen geschnitten
- Salz und Pfeffer
- 350 g Fettuccine
- frisch gehobelte Pecorinospäne, zum Servieren

So geht's

Das Olivenöl in einer Pfanne erhitzen. Die Zwiebel hineingeben und bei geringer Hitze unter gelegentlichem Rühren 5 Minuten weich dünsten. Oliven, Tomaten und Paprika zugeben und mit Salz und Pfeffer abschmecken. Abdecken und bei geringer Hitze unter gelegentlichem Rühren 35 Minuten köcheln lassen.

Unterdessen in einem großen Topf leicht gesalzenes Wasser aufkochen. Die Fettuccine darin 8–10 Minuten al dente kochen. Abgießen, abtropfen lassen und in eine vorgewärmte Servierschüssel geben.

Die Sauce über die Nudeln verteilen und alles gut vermengen. Großzügig mit Pecorino bestreuen und sofort servieren.

Farfalle mit Sahne & Parmesan

Vegetarische Gerichte

Zutaten für 4 Personen

- 450 g Farfalle
- 2 EL Butter
- 350 g Erbsen
- 200 g Crème double
- 1 Prise frisch geriebene Muskatnuss
- Salz und Pfeffer
- 50 g frisch geriebener Parmesan, plus etwas mehr zum Servieren
- frische glatte Petersilienblätter, zum Garnieren
- frisches, knuspriges Brot, zum Servieren

So geht's

In einem großen Topf leicht gesalzenes Wasser aufkochen. Die Nudeln darin 8–10 Minuten al dente kochen. Gründlich abgießen.

Die Butter in einem großen Topf zerlassen. Die Erbsen darin 2–3 Minuten dünsten. 150 g der Crème double zugeben und aufkochen. Die Hitze reduzieren und die Sauce 1 Minute köchelnd eindicken.

Die Pasta zugeben und bei schwacher Hitze gründlich in der Sauce wenden. Mit Muskatnuss, Salz und Pfeffer abschmecken. Die restliche Crème double und den Parmesan unterrühren. Mit Petersilienblättern garnieren und sofort mit etwas zusätzlichem Parmesan und frischem Brot servieren.

Pasta mit grünem Gemüse

Vegetarische Gerichte

Zutaten für 4 Personen

- 250 g Gemelli oder andere Pasta
- 2 EL frisch gehackte Petersilie
- 2 EL frisch geriebener Parmesan

Sauce

- 1 Brokkoli, in Röschen zerteilt
- 2 Zucchini, in Scheiben geschnitten
- 250 g grüner Spargel
- 125 g Zuckererbsen
- 125 g Erbsen, Tiefkühlware aufgetaut
- 2 EL Butter
- 3 EL Gemüsebrühe
- 80 g Crème Double
- Salz und Pfeffer
- 1–2 Prisen frisch geriebene Muskatnuss

So geht's

In einem großen Topf leicht gesalzenes Wasser aufkochen. Die Nudeln darin al dente kochen. Abgießen, wieder in den Topf geben, abdecken und warm stellen.

Brokkoli, Zucchini, Spargel und Zuckererbsen in einem Topf mit kochendem Salzwasser dämpfen, bis sie gerade weich sind. Vom Herd nehmen und in kaltem Wasser abschrecken. Abtropfen lassen und beiseitestellen. Salzwasser in einem kleinen Topf aufkochen und die Erbsen darin 3 Minuten garen. Abgießen, in kaltem Wasser abschrecken und abtropfen lassen. Mit dem übrigen Gemüse beiseitestellen.

Butter und Brühe bei mittlerer Hitze in einem Topf oder einer Pfanne erhitzen. Das Gemüse bis auf einige Spargelspitzen zugeben und vermengen, bis es heiß ist. Die Crème double einrühren und erhitzen, aber nicht kochen. Dann die Sauce mit Salz, Pfeffer und Muskat abschmecken.

Die Nudeln in eine Servierschüssel geben und mit Petersilie bestreuen. Die Sauce darübergeben und alles mit Parmesan bestreuen. Die zurückbehaltenen Spargelspitzen dekorativ darauf anrichten und das fertige Gericht sofort servieren.

Tagliatelle mit Pesto

Vegetarische Gerichte

Zutaten für 4 Personen

- 450 g Tagliatelle
- frische Basilikumstängel, zum Garnieren

Pesto

- 2 Knoblauchzehen
- 2 EL Pinienkerne
- Salz
- 125 g frische Basilikumblätter
- 125 ml Olivenöl
- 50 g frisch geriebener Parmesan

So geht's

Für den Pesto Knoblauch, Pinienkerne und etwas Salz in einer Küchenmaschine oder einem Standmixer kurz pürieren. Die Basilikumblätter zugeben und alles zu einer Paste vermischen. Bei laufendem Gerät langsam das Olivenöl zufügen. Die Mischung dann in eine Schüssel umfüllen und den Parmesan unterrühren. Mit Salz abschmecken.

Leicht gesalzenes Wasser in einem großen Topf aufkochen. Die Tagliatelle darin 8–10 Minuten al dente kochen. Abgießen, gut abtropfen lassen und wieder in den Topf geben. Mit der Hälfte des Pestos vermengen. Auf vorgewärmte Teller verteilen und den restlichen Pesto über die Nudeln löffeln. Mit Basilikumstängeln garnieren und sofort servieren.

Variation

Sie können auch rotes anstatt grünes Pesto verwenden. Dafür 125 g sonnengetrocknete Tomaten, 2 zerdrückte Knoblauchzehen, 4 EL leicht geröstete Pinienkerne und 150 ml natives Olivenöl extra in der Küchenmaschine oder dem Standmixer zu einer Paste verarbeiten.

Spaghetti alla Norma

Vegetarische Gerichte

Zutaten für 4 Personen

- 175 ml Olivenöl
- 500 g Eiertomaten, gehäutet und gehackt
- 1 Knoblauchzehe, fein gehackt
- Salz und Pfeffer
- 350 g Aubergine, klein gewürfelt
- 400 g Spaghetti
- ½ Bund frisches Basilikum, klein gezupft
- 125 g frisch geriebener Pecorino

So geht's

In einem großen Topf 4 Esslöffel Öl erhitzen. Tomaten und Knoblauch hineingeben, mit Salz und Pfeffer abschmecken, den Topf abdecken und alles bei schwacher Hitze unter gelegentlichem Rühren etwa 25 Minuten garen.

Unterdessen das restliche Öl in einer Pfanne erhitzen und die Auberginenwürfel darin unter gelegentlichem Rühren 5 Minuten goldbraun anbraten. Mit einem Schaumlöffel aus der Pfanne nehmen und auf Küchenpapier abtropfen lassen.

In einem großen Topf leicht gesalzenes Wasser aufkochen und die Spaghetti darin 8–10 Minuten al dente kochen.

Unterdessen die Auberginenwürfel in die Tomatenmasse rühren und nach Geschmack nachwürzen.

Die Nudeln abgießen und in eine vorgewärmte Servierschüssel geben. Die Tomaten-Auberginen-Mischung, das Basilikum und die Hälfte des Käses darübergeben. Gut vermengen, mit dem restlichen Käse bestreuen und sofort servieren.

Pappardelle mit Kürbissauce

Vegetarische Gerichte

Zutaten für 4 Personen

- 50 g Butter
- 6 Schalotten, fein gehackt
- Salz
- 800 g Kürbis (z. B. Butternuss), geschält, entkernt und in mundgerechte Stücke geschnitten
- 1 Prise frisch geriebene Muskatnuss
- 200 g Sahne
- 4 EL frisch geriebener Parmesan, plus etwas mehr zum Garnieren
- 2 EL frisch gehackte glatte Petersilie
- 350 g Pappardelle

So geht's

Die Butter in einem großen Topf zerlassen. Die Schalotten hineingeben, mit etwas Salz bestreuen und abgedeckt bei sehr geringer Hitze unter gelegentlichem Rühren 30 Minuten dünsten.

Die Kürbisstücke zugeben und mit Muskat würzen. Abdecken und ebenfalls bei sehr geringer Hitze unter gelegentlichem Rühren 40 Minuten garen, bis der Kürbis zerfällt. Sahne, Parmesan und Petersilie unterrühren, dann den Topf vom Herd nehmen.

Unterdessen in einem großen Topf leicht gesalzenes Wasser aufkochen. Die Pappardelle darin 8–10 Minuten al dente kochen. Abgießen und gründlich abtropfen lassen, dabei 2–3 Esslöffel vom Kochsud auffangen und aufbewahren.

Die Nudeln in die Kürbismischung geben und den aufbewahrten Kochsud zugeben, falls die Mischung zu dick wird. Unter Rühren 1 Minute erhitzen, dann in eine vorgewärmte Servierschüssel geben, mit dem zusätzlichen geriebenen Parmesan bestreuen und sofort servieren.

Spargel-Gorgonzola-Tagliatelle

Zutaten für 4 Personen

- 450 g grüne Spargelspitzen
- 1 EL Olivenöl
- Salz und Pfeffer
- 250 g Gorgonzola, zerbröckelt
- 175 g Crème double
- 350 g Tagliatelle

So geht's

Den Backofen auf 230 °C vorheizen. Die Spargelspitzen auf dem Boden einer flachen Auflaufform ausbreiten. Mit etwas Olivenöl besprenkeln und mit Salz und Pfeffer würzen. Dann den Spargel in Öl und Gewürzen wenden und im Ofen 10–12 Minuten backen, bis er leicht gebräunt und gerade gar ist. Anschließend warm stellen.

Den Käse in einer Schüssel mit der Crème double verrühren und die Mischung gut mit Salz und Pfeffer abschmecken.

In einem großen Topf leicht gesalzenes Wasser aufkochen. Die Nudeln darin al dente kochen. Abgießen, abtropfen lassen und in eine vorgewärmte Schüssel geben.

Den Spargel und die Käsemischung darübergeben, dann alles gründlich durchmischen, bis der Käse geschmolzen ist und die Nudeln mit Sauce überzogen sind. Das fertige Gericht sofort servieren.

Pipe rigate mit Gorgonzola

Vegetarische Gerichte

Zutaten für 4 Personen

- 400 g Pipe rigate oder Penne
- 2 EL Butter
- 6 frische Salbeiblätter, plus etwas mehr zum Garnieren
- 200 g Gorgonzola, gewürfelt
- 175–250 g Crème double oder Panna da cucina
- 2 EL trockener Wermut
- Salz und Pfeffer

So geht's

In einem großen Topf leicht gesalzenes Wasser aufkochen. Die Pasta darin al dente kochen.

Unterdessen die Butter in einem zweiten Topf zerlassen. Die Salbeiblätter zugeben, unter vorsichtigem Rühren 1 Minute andünsten, dann herausnehmen und beiseitestellen. Den Käse zufügen und bei geringer Hitze unter ständigem Rühren schmelzen. Portionsweise 175 g Crème double und den Wermut unterrühren. Mit Salz und Pfeffer abschmecken und unter Rühren eindicken lassen. Mehr Crème double zugeben, wenn die Sauce zu dickflüssig ist.

Die Pasta abgießen, gut abtropfen lassen und in eine vorgewärmte Servierschüssel geben. Die Gorgonzolasauce zugeben und alles gut vermengen. Mit den zurückgelegten Salbeiblättern garnieren und sofort servieren.

Fusilli mit Tomaten & Kräutern

Zutaten für 4 Personen

- 80 g sonnengetrocknete Tomaten (nicht in Öl)
- 750 ml kochendes Wasser
- 2 EL Olivenöl
- 1 Zwiebel, fein gehackt
- 2 große Knoblauchzehen, in Scheiben geschnitten
- 2 EL frisch gehackte glatte Petersilie
- 2 TL frisch gehackter Oregano
- 1 TL frisch gehackte Rosmarinblätter
- Salz und Pfeffer
- 350 g Fusilli
- 10 frische Basilikumblätter, klein gezupft
- 3 EL frisch geriebener Parmesan, zum Garnieren

So geht's

Tomaten und kochendes Wasser in eine Schüssel geben und 5 Minuten ruhen lassen. Ein Drittel der Tomaten mit einem Schaumlöffel herausheben und in mundgerechte Stücke schneiden. Die restlichen Tomaten mit dem Wasser in einen Mixer geben und glatt pürieren.

Das Öl in einer großen Pfanne bei mittlerer Hitze erhitzen. Die Zwiebel zugeben und 5 Minuten glasig dünsten. Dann den Knoblauch zugeben und dünsten, bis er zu bräunen beginnt. Tomatenpüree und -stücke zugeben. Aufkochen und bei geringer Hitze etwa 10 Minuten köcheln lassen. Alle Kräuter einrühren, die Sauce mit Salz und Pfeffer abschmecken und 1 weitere Minute köcheln lassen, dann die Pfanne vom Herd nehmen.

In einem großen Topf leicht gesalzenes Wasser zum Kochen bringen. Die Nudeln darin al dente kochen. Abgießen, abtropfen lassen und in eine vorgewärmte Servierschüssel füllen. Die Sauce kurz aufwärmen und über die Nudeln geben. Das Basilikum zufügen und alles gründlich unterheben. Mit Parmesan bestreuen und sofort servieren.

Spaghetti con Sugo

Zutaten für 4 Personen

- 80 ml Olivenöl
- 1 Zwiebel, fein gehackt
- 800 g gehackte Tomaten aus der Dose
- 4 Knoblauchzehen, geviertelt
- Salz und Pfeffer
- 450 g Spaghetti
- 1 Handvoll frische Basilikumblätter, zerzupft
- frisch gehobelte Parmesanspäne, zum Garnieren

So geht's

Das Öl bei mittlerer Hitze in einem großen Topf erhitzen. Die Zwiebel zufügen und 5 Minuten andünsten. Tomaten und Knoblauch zugeben. Aufkochen, dann bei mittlerer Hitze 25–30 Minuten köcheln lassen, bis sich das Öl von den Tomaten absetzt. Mit Salz und Pfeffer abschmecken.

In einem großen Topf leicht gesalzenes Wasser zum Kochen bringen. Die Nudeln darin al dente kochen. Abgießen, abtropfen lassen und in eine vorgewärmte Servierschüssel geben.

Die Sauce über den Nudeln verteilen. Das Basilikum zufügen und alles gut mischen. Mit Parmesan bestreuen und servieren.

Tagliatelle mit Artischocken

Vegetarische Gerichte

Zutaten für 2 Personen

- 100 g Artischocken aus der Dose, geviertelt
- Pflanzenöl im Zerstäuber
- 50 g frischer junger Spinat
- 100 g Tagliatelle
- 100 ml weiße Sauce (siehe Seite 154)
- 2 TL frisch gehacktes Basilikum, plus etwas mehr zum Garnieren
- 1 TL frisch gehackter Zitronenthymian, plus etwas mehr zum Garnieren
- 1 TL Sahnemeerrettich
- 2 TL saure Sahne

So geht's

Den Backofen auf 220 °C vorheizen. Die Artischocken auf einem beschichteten Backblech ausbreiten, leicht mit Öl besprühen und 20 Minuten im Ofen goldbraun backen.

Unterdessen einen Topf bei mittlerer Hitze erwärmen, den Spinat hineingeben und mit geschlossenem Deckel 2 Minuten dämpfen. In einem Sieb abtropfen lassen.

Die Nudeln nach Packungsanleitung kochen und abgießen.

Den abgetropften Spinat wieder in den Topf geben, die weiße Sauce zufügen und bei geringer Hitze erwärmen. Kräuter, Sahnemeerrettich, saure Sahne und Artischocken zufügen und die warmen Nudeln unterheben. Erhitzen, bis alles gut durchgewärmt ist. Zum Servieren mit Kräutern garnieren.

Pilz-Gorgonzola-Fusilli

Vegetarische Gerichte

Zutaten für 4 Personen

- 350 g Fusilli
- 3 EL Olivenöl
- 350 g Wildpilze, in Scheiben geschnitten
- 1 Knoblauchzehe, fein gehackt
- 400 g Crème double
- 250 g Gorgonzola, zerbröckelt
- Salz und Pfeffer
- 2 EL frisch gehackte glatte Petersilie, zum Garnieren

So geht's

In einem großen Topf leicht gesalzenes Wasser aufkochen. Die Nudeln darin 8–10 Minuten al dente kochen.

Unterdessen das Olivenöl in einem großen Topf erhitzen. Die Pilze zugeben und bei schwacher Hitze unter Rühren 5 Minuten dünsten. Den Knoblauch zugeben und weitere 2 Minuten dünsten.

Die Crème double zugeben, aufkochen und die Sauce 1 Minute kochend eindicken lassen. Den Käse bei schwacher Hitze unterrühren. Die Sauce darf nun nicht mehr kochen. Mit Salz und Pfeffer abschmecken und den Topf vom Herd nehmen.

Die Nudeln abgießen und gründlich in der Sauce wenden. Mit Petersilie garnieren und sofort servieren.

Penne in Pilz-Sahne-Sauce

Vegetarische Gerichte

Zutaten für 4 Personen

- 50 g Butter
- 1 EL Olivenöl
- 6 Schalotten, in Ringe geschnitten
- 450 g braune Champignons, in Scheiben geschnitten
- Salz und Pfeffer
- 1 TL Mehl
- 150 g Crème double
- 2 EL Portwein
- 125 g sonnengetrocknete Tomaten in Öl, abgetropft und gehackt
- 1 Prise frisch geriebene Muskatnuss
- 350 g Penne
- 2 EL frisch gehackte glatte Petersilie, zum Garnieren

So geht's

Die Butter mit dem Olivenöl in einer großen Pfanne zerlassen. Die Schalotten darin bei geringer Hitze unter gelegentlichem Rühren etwa 4–5 Minuten weich dünsten. Anschließend die Pilze zugeben und bei geringer Hitze weitere 2 Minuten dünsten. Mit Salz und Pfeffer abschmecken, dann das Mehl einstreuen und unter Rühren 1 Minute anschwitzen.

Die Pfanne vom Herd nehmen und portionsweise Crème double und Portwein unterrühren. Dann die Pfanne wieder auf den Herd stellen, Tomaten und Muskat zugeben und alles bei geringer Hitze unter gelegentlichem Rühren 8 Minuten garen.

Unterdessen in einem großen Topf leicht gesalzenes Wasser aufkochen. Die Nudeln darin al dente kochen. Abgießen, abtropfen lassen und in die Pilzsauce geben. Weitere 3 Minuten garen, anschließend in eine vorgewärmte Servierschüssel geben. Das fertige Gericht mit Petersilie bestreuen und sofort servieren.

Nudeln mit Porree & Kürbis

Vegetarische Gerichte

Zutaten für 4 Personen

- 150 g Baby-Porree, in 2 cm dicke Scheiben geschnitten
- 175 g Butternusskürbis, in 2 cm große Würfel geschnitten
- 1½ EL mittelscharfe Currypaste
- 1 TL Pflanzenöl
- 175 g Kirschtomaten
- 250 g Nudeln
- 2 EL frisch gehackter Koriander

Weiße Sauce

- 250 ml Magermilch
- 20 g Speisestärke
- 1 TL Senfpulver
- 1 kleine Zwiebel
- 2 kleine Lorbeerblätter
- 4 TL frisch geriebener Parmesan

So geht's

Für die weiße Sauce Milch, Speisestärke, Senfpulver, Zwiebel und Lorbeerblätter in einen Topf geben. Bei mittlerer Hitze mit einem Schneebesen verrühren, bis die Sauce eingedickt ist. Vom Herd nehmen, Zwiebel und Lorbeerblätter entfernen und den Parmesan einrühren. Beiseitestellen.

Den Backofen auf 200 °C vorheizen. Einen großen Topf Wasser aufkochen und den Porree darin 2 Minuten kochen. Den Kürbis hinzufügen und weitere 2 Minuten kochen. Das Gemüse in ein Sieb abgießen.

In einer Schüssel Currypaste und Öl verrühren. Porree und Kürbis darin schwenken.

Das Gemüse auf ein beschichtetes Backblech geben und im Ofen 10 Minuten goldbraun backen. Die Tomaten zugeben und weitere 5 Minuten backen. Unterdessen die Nudeln nach Packungsangabe kochen und abgießen.

Die weiße Sauce in eine große Pfanne geben und auf kleiner Hitze erwärmen. Porree, Kürbis, Tomaten und Koriander hinzufügen. Die warmen Nudeln unterrühren, alles gut vermengen und servieren.

Fusilli mit Zucchini-Sauce

Vegetarische Gerichte

Zutaten für 4 Personen

- 90 ml Olivenöl
- 1 kleine Zwiebel, in feine Scheiben geschnitten
- 2 Knoblauchzehen, fein gehackt
- 2 EL frisch gehackter Rosmarin
- 1 EL frisch gehackte glatte Petersilie
- 450 g kleine Zucchini, in dünne Streifen geschnitten
- abgeriebene Schale von 1 unbehandelten Zitrone
- Salz und Pfeffer
- 450 g Fusilli
- 4 EL frisch geriebener Parmesan, zum Garnieren

So geht's

Das Öl in einer großen Pfanne erhitzen. Die Zwiebel darin unter gelegentlichem Rühren 10 Minuten goldbraun andünsten.

Die Hitze erhöhen, Knoblauch, Rosmarin und Petersilie zugeben und alles einige Sekunden unter Rühren andünsten. Zucchini und Zitronenschale zugeben und unter gelegentlichem Rühren etwa 5–7 Minuten dünsten, bis die Zucchini gerade gar sind. Alles mit Salz und Pfeffer abschmecken, anschließend die Pfanne vom Herd nehmen.

In einem großen Topf leicht gesalzenes Wasser zum Kochen bringen. Die Nudeln darin al dente kochen. Abgießen, abtropfen lassen und in eine vorgewärmte Servierschüssel geben.

Die Sauce noch einmal kurz erwärmen, über die Nudeln geben und alles gründlich durchheben. Das fertige Gericht mit Parmesan bestreuen und sofort servieren.

Tagliatelle mit Wildpilzsauce

Vegetarische Gerichte

Zutaten für 4 Personen

- 450 g Tagliatelle
- 50 g Butter
- 250 g gemischte Wildpilze, in Scheiben geschnitten
- 1 Knoblauchzehe, zerdrückt
- 250 g Mascarpone
- 2 EL Milch
- 1 TL frisch gehackter Salbei
- Salz und Pfeffer
- frisch geriebener Parmesan, zum Servieren

So geht's

In einem großen Topf leicht gesalzenes Wasser zum Kochen bringen. Die Tagliatelle darin 10–12 Minuten al dente kochen.

Unterdessen die Butter in einer großen Pfanne zerlassen. Pilze und Knoblauch hineingeben und 3–4 Minuten andünsten.

Die Hitze reduzieren und Mascarpone, Milch und Salbei unterrühren. Nach Belieben mit Salz und Pfeffer abschmecken.

Die Tagliatelle abtropfen lassen und in die Pilzsauce geben. Gründlich vermengen. Die Nudeln auf vorgewärmte Teller geben und sofort mit Parmesan servieren.

Conchiglie mit Artischocken

Vegetarische Gerichte

Zutaten für 4 Personen

- 300 g eingelegte Artischockenherzen aus dem Glas
- 3 EL Olivenöl
- 1 Zwiebel, fein gehackt
- 3 Knoblauchzehen, fein gehackt
- 1 TL getrockneter Oregano
- ¼ TL Chiliflocken
- 400 g gehackte Tomaten aus der Dose
- Salz und Pfeffer
- 350 g Conchiglie
- 1–2 EL frisch geriebener Parmesan
- 3 EL frisch gehackte glatte Petersilie

So geht's

Die Artischockenherzen abgießen und die Marinade auffangen. Das Öl in einem großen Topf bei mittlerer Hitze erhitzen. Die Zwiebel darin 5 Minuten glasig dünsten. Knoblauch, Oregano, Chiliflocken und die Artischockenmarinade zugeben und 5 Minuten köcheln lassen.

Die Tomaten einrühren, aufkochen und die Sauce bei mittlerer bis schwacher Hitze 30 Minuten köcheln lassen, dann mit Salz und Pfeffer abschmecken.

In einem großen Topf leicht gesalzenes Wasser zum Kochen bringen. Die Nudeln darin al dente kochen. Abgießen, abtropfen lassen und in eine vorgewärmte Servierschüssel geben.

Artischocken, Parmesan und Petersilie in die Sauce einrühren, dann einige Minuten kochen, bis alles durchgewärmt ist. Die Sauce über die Nudeln geben, gut unterheben und sofort servieren.

Ziti mit Rucola

Vegetarische Gerichte

Zutaten für 4 Personen

- 350 g Ziti, in 4 cm lange Stücke gebrochen
- 5 EL natives Olivenöl extra
- 2 Knoblauchzehen, leicht zerdrückt
- 200 g Rucola
- 2 frische rote Chilies, in breite Ringe geschnitten
- frisch geriebener Pecorino, zum Garnieren
- frische rote Chiliblüten, zum Garnieren (optional)

So geht's

In einem großen Topf leicht gesalzenes Wasser aufkochen. Die Nudeln darin al dente kochen.

Unterdessen das Olivenöl in einer großen Pfanne erhitzen. Knoblauch, Rucola und Chilies darin etwa 5 Minuten dünsten, bis der Rucola zusammenfällt.

2 Esslöffel des Nudel-Kochsuds unter den Rucola rühren, dann die Nudeln abgießen, abtropfen lassen und in die Pfanne geben. Unter häufigem Rühren 2 Minuten mitgaren, dann alles in eine vorgewärmte Servierschüssel füllen. Knoblauch und Chilies entfernen. Das fertige Gericht mit dem Pecorino bestreuen, mit Chiliblüten garnieren und servieren.

Variation

Sie können den Rucola auch durch 200 g junge Spinatblätter ersetzen.

Linguine mit roter Paprika

Vegetarische Gerichte

Zutaten für 4 Personen

- 6 große Knoblauchzehen, ungeschält
- 400 g eingelegte geröstete rote Paprika, abgetropft und gewürfelt
- 200 g gehackte Tomaten aus der Dose
- 3 EL Olivenöl
- ¼ TL Chiliflocken
- 1 TL frisch gehackter Thymian oder Oregano
- Salz und Pfeffer
- 350 g Linguine, Spaghetti oder Bucatini
- frisch geriebener Parmesan, zum Garnieren

So geht's

Den Backofen auf 200 °C vorheizen. Die Knoblauchzehen in eine flache Auflaufform geben. Im Ofen 7–10 Minuten rösten, bis der Knoblauch weich ist.

Paprika, Tomaten und Öl in einer Küchenmaschine oder einem Standmixer pürieren. Den Knoblauch aus der Schale in das Püree drücken. Chiliflocken und Thymian bzw. Oregano zufügen. Mit Salz und Pfeffer abschmecken. Erneut pürieren, dann in einen Topf geben und beiseitestellen.

In einem großen Topf leicht gesalzenes Wasser zum Kochen bringen. Die Nudeln darin al dente kochen. Abgießen, abtropfen lassen und in eine vorgewärmte Servierschüssel geben.

Die Sauce erhitzen und über die Nudeln geben. Gut unterrühren. Sofort mit Parmesan bestreut servieren.

Gemüseravioli

Vegetarische Gerichte

Zutaten für 4 Personen

- 2 große Auberginen, in 2,5 cm große Würfel geschnitten
- Salz und Pfeffer
- 6 große Tomaten
- 120 ml Olivenöl
- 3 Knoblauchzehen, gehackt
- 1 große Zwiebel, gehackt
- 3 große Zucchini, in 2,5 cm große Würfel geschnitten
- je 1 große grüne und rote Paprika, in 2,5 cm große Stücke geschnitten
- 2 EL Tomatenmark
- ½ TL frisch gehacktes Basilikum, plus einige Zweige zum Garnieren
- ½ Portion frischer Pastateig (siehe Seite 12)
- Mehl, zum Bestäuben
- 90 g Butter, in Flöckchen
- 160 g Schlagsahne
- 80 g frisch geriebener Parmesan

So geht's

Die Auberginenwürfel in ein Sieb geben und mit Salz bestreuen. 20 Minuten ziehen lassen. Abgießen, dann mit Küchenpapier trocken tupfen.

Die Tomaten 2 Minuten kochen. Abgießen, abtropfen lassen, dann häuten und das Fruchtfleisch hacken. Das Olivenöl in einem Topf erwärmen. Knoblauch und Zwiebel darin 3 Minuten andünsten. Auberginen, Zucchini, Tomaten, Paprika, Tomatenmark und Basilikum zugeben. Mit Salz und Pfeffer würzen, den Topf abdecken und alles 20 Minuten köcheln lassen.

Den Pastateig auf einer leicht bemehlten Arbeitsfläche 2–3 mm dick zu einem Rechteck ausrollen. Mit einer Plätzchenform (5 cm Ø) Teigkreise ausstechen.

Auf die Hälfte der Kreise je 1 Teelöffel Füllung geben. Die Ränder mit etwas Wasser bestreichen, dann die anderen Kreise jeweils darüberlegen und andrücken. Die Ravioli 1 Stunde ruhen lassen. Den Backofen auf 200 °C vorheizen. Einen großen Topf leicht gesalzenes Wasser aufkochen und die Ravioli darin 8–10 Minuten al dente kochen. Abtropfen lassen und in eine Auflaufform schichten, dabei auf jede Lage einige Butterflöckchen geben. Mit der Sahne übergießen und mit dem Parmesan bestreuen. 20 Minuten im Ofen backen. Mit Basilikum garniert servieren.

Knoblauch-Pilz-Ravioli

Zutaten für 4 Personen

- 2 EL Butter
- 1 Schalotte, fein gehackt
- 3 Knoblauchzehen, zerdrückt
- 50 g Champignons, fein gehackt
- ½ Selleriestange, klein gewürfelt
- 2 EL frisch geriebener Pecorino, plus etwas mehr zum Garnieren
- Salz und Pfeffer
- ½ Portion frischer Pastateig (siehe Seite 12)
- Mehl, zum Bestäuben
- 1 Ei, verquirlt

So geht's

In einer Pfanne die Hälfte der Butter zerlassen. Schalotte, 1 Knoblauchzehe, Champignons und Sellerie 4–5 Minuten darin dünsten. Die Pfanne vom Herd nehmen, den Pecorino einrühren und alles mit Salz und Pfeffer abschmecken. Den Pastateig halbieren. Eine Hälfte in Frischhaltefolie wickeln.

Die andere Teighälfte auf einer leicht bemehlten Arbeitsfläche dünn zu einem Rechteck ausrollen. Mit einem Küchentuch abdecken und die zweite Teighälfte ausrollen. Kleine Portionen der Füllung im Abstand von 4 cm auf eine der Teighälften setzen und die Zwischenräume mit Ei bestreichen. Die zweite Teighälfte darauflegen und zwischen den Füllungen festdrücken. Den Teig in Quadrate schneiden, diese auf ein bemehltes Küchentuch legen und 1 Stunde ruhen lassen. Leicht gesalzenes Wasser in einem großen Topf aufkochen. Die Ravioli darin portionsweise 3–4 Minuten kochen. Mit einem Schaumlöffel aus dem Topf heben und gut abtropfen lassen.

Die restliche Butter in einem Topf zerlassen. Die übrigen Knoblauchzehen und reichlich Pfeffer zufügen und kurz erhitzen. Die Ravioli auf Serviertellern anrichten und mit der warmen Knoblauchbutter übergießen. Mit Pecorino bestreut sofort servieren.

Spinat-Ricotta-Ravioli

Vegetarische Gerichte

Zutaten für 4 Personen

Spinat-Pasta-Teig
- 250 g frischer Spinat
- 200 g Mehl, plus etwas mehr zum Bestäuben
- 1 Prise Salz
- 2 Eier, leicht verquirlt
- 1 EL Olivenöl
- 75 g frisch geriebener Parmesan, zum Servieren

Füllung
- 350 g frischer Spinat, Stängel und Blattrippen entfernt
- 250 g Ricotta
- 50 g frisch geriebener Parmesan
- 2 Eier, leicht verquirlt
- 1 Prise frisch geriebene Muskatnuss
- Salz und Pfeffer

So geht's

Für den Teig den Spinat 1 Minute in kochendem Wasser blanchieren, gut abtropfen lassen und sehr fein hacken. Das Mehl in die Schüssel der Küchenmaschine sieben. Spinat, Salz, Eier und Olivenöl zugeben und verarbeiten, bis sich die Zutaten zu einem Teig verbinden. Den Teig auf einer bemehlten Arbeitsfläche glatt kneten. In Frischhaltefolie eingewickelt 30 Minuten ruhen lassen.

Für die Füllung den Spinat gründlich waschen und in einen Topf geben. Abdecken und bei geringer Hitze 5 Minuten garen, bis er zusammengefallen ist. Gut abtropfen lassen und so gut wie möglich auspressen. Abkühlen lassen, dann fein hacken. Den Ricotta glatt rühren. Dann Spinat, Parmesan und die Hälfte der Eimasse unterrühren und nach Belieben mit Muskatnuss, Salz und Pfeffer abschmecken.

Den Pastateig halbieren und auf einer leicht bemehlten Arbeitsfläche ausrollen. Die Ravioli herstellen (siehe Seite 168) und mit der Spinatmasse füllen. Auf ein bemehltes Küchentuch legen und 1 Stunde ruhen lassen.

Die Ravioli in kochendes, leicht gesalzenes Wasser geben und 5 Minuten ziehen lassen. Mit einem Schaumlöffel herausnehmen und auf Küchenpapier abtropfen lassen. Mit dem Parmesan bestreut servieren.

Tagliatelle mit Walnusssauce

Vegetarische Gerichte

Zutaten für 4 Personen

- 2–3 EL frische weiße Semmelbrösel
- 350 g Walnüsse, gehackt, plus etwas mehr zum Garnieren
- 2 Knoblauchzehen, fein gehackt
- 4 EL Milch
- 4 EL Olivenöl
- 80 g Frischkäse
- 150 g Sahne
- Salz und Pfeffer
- 350 g Tagliatelle

So geht's

Semmelbrösel, Walnüsse, Knoblauch, Milch, Olivenöl und Frischkäse in einem großen Mörser zu einer glatten Paste zerreiben. Alternativ die Zutaten in einer Küchenmaschine oder einem Standmixer zu einer glatten Paste verarbeiten. Die Sahne unterrühren, bis die Mischung einer dicken Sauce gleicht. Mit Salz und Pfeffer abschmecken und beiseitestellen.

In einem großen Topf leicht gesalzenes Wasser zum Kochen bringen. Die Pasta darin al dente kochen.

Die Pasta abgießen, abtropfen lassen und in eine vorgewärmte Servierschüssel füllen. Die Walnusssauce zugeben und alles gut vermengen. Mit gehackten Walnüssen bestreuen und sofort servieren.

Ofengerichte

Cannelloni mit Ricotta

Ofengerichte

Zutaten für 4 Personen

- 2 EL Olivenöl
- 2 Zwiebeln, gehackt
- 2 Knoblauchzehen, fein gehackt
- 1 EL frisch gehacktes Basilikum
- 800 g gehackte Tomaten aus der Dose
- 1 EL Tomatenmark
- Salz und Pfeffer
- 350 g Cannelloni
- Butter, zum Einfetten
- 250 g Ricotta
- 125 g Kochschinken, gewürfelt
- 1 Ei
- 50 g frisch geriebener Pecorino

So geht's

Das Olivenöl in einer großen Pfanne erhitzen. Zwiebeln und Knoblauch hineingeben und bei geringer Hitze unter gelegentlichem Rühren 5 Minuten dünsten, bis die Zwiebel weich ist. Basilikum, gehackte Tomaten samt Saft aus der Dose sowie Tomatenmark zugeben und nach Belieben mit Salz und Pfeffer abschmecken. Die Hitze reduzieren und die Sauce etwa 30 Minuten köchelnd eindicken lassen.

Unterdessen in einem großen Topf leicht gesalzenes Wasser aufkochen. Die Cannelloni darin al dente kochen, abgießen, abtropfen lassen und auf eine große Platte legen. Die Nudeln mit Küchenpapier trocken tupfen.

Den Backofen auf 180 °C vorheizen. Eine große, flache Auflaufform mit Butter einfetten. Ricotta, Schinken und Ei in einer Schüssel vermengen und nach Belieben mit Salz und Pfeffer würzen. Die Cannelloni mit der Ricottamischung füllen und in einer Lage in die Form legen. Mit der Tomatensauce übergießen und mit dem geriebenen Pecorino bestreuen. Im Ofen 30 Minuten goldbraun backen und sofort servieren.

Huhn-Waldpilz-Cannelloni

Zutaten für 4 Personen

- 2 EL Olivenöl
- 2 Knoblauchzehen, zerdrückt
- 1 große Zwiebel, fein gehackt
- 250 g Wildpilze, klein geschnitten
- 350 g Hühnerfleisch, durch den Fleischwolf gedreht
- 125 g Parmaschinken, gewürfelt
- 150 ml Marsala (Süßwein)
- 200 g gehackte Tomaten aus der Dose
- 1 EL frisch gehacktes Basilikum
- 2 EL Tomatenmark
- Salz und Pfeffer
- 10–12 Cannelloni
- Butter, zum Einfetten
- 2 Portionen Béchamelsauce (siehe Seite 182)
- 80 g frisch geriebener Parmesan

So geht's

Das Olivenöl in einer Pfanne erhitzen. Knoblauch, Zwiebel und Pilze hineingeben und bei geringer Hitze unter häufigem Rühren 8–10 Minuten dünsten. Fleisch und Schinken zugeben und unter häufigem Rühren 12 Minuten rundum anbräunen. Marsala, Tomaten samt Saft aus der Dose, Basilikum und Tomatenmark zugeben und 4 Minuten garen. Mit Salz und Pfeffer abschmecken, dann den Topf abdecken und das Ganze 30 Minuten köcheln lassen. Danach umrühren und ohne Deckel 15 Minuten weiterköcheln lassen.

Unterdessen in einem großen Topf leicht gesalzenes Wasser aufkochen und die Cannelloni darin al dente kochen. Abgießen, gut abtropfen lassen und mit Küchenpapier trocken tupfen.

Den Backofen auf 190 °C vorheizen. Eine große Auflaufform leicht mit Butter ausstreichen. Mit einem Teelöffel die Cannelloni mit der Hühnchen-Wildpilz-Mischung füllen und nebeneinander in die Form legen, vollständig mit der Béchamelsauce bedecken und mit Parmesan bestreuen. Im Ofen etwa 30 Minuten goldbraun backen. Sofort servieren.

Pasticcio

Ofengerichte

Zutaten für 4 Personen

- 1 EL Olivenöl
- 1 Zwiebel, gehackt
- 2 Knoblauchzehen, fein gehackt
- 450 g Lammhackfleisch
- 2 EL Tomatenmark
- 2 EL Mehl
- 300 ml Hühnerbrühe
- Salz und Pfeffer
- 1 TL Zimt
- 125 g kurze Makkaroni
- 2 Fleischtomaten, in Scheiben geschnitten
- 300 g griechischer Joghurt
- 2 Eier, leicht verquirlt

So geht's

Das Olivenöl in einer Pfanne erhitzen. Zwiebel und Knoblauch zugeben und bei geringer Hitze unter gelegentlichem Rühren 5 Minuten weich dünsten. Das Fleisch zugeben, mit einem Holzlöffel zerteilen und rundum anbraten. Das Tomatenmark zufügen und alles mit Mehl bestäuben. Unter Rühren 1 Minute garen, dann die Hühnerbrühe zugießen. Mit Salz und Pfeffer abschmecken und den Zimt unterrühren. Aufkochen, dann die Hitze reduzieren, den Topf abdecken und das Ganze 25 Minuten garen.

Unterdessen in einem großen Topf leicht gesalzenes Wasser aufkochen. Die Pasta darin al dente kochen.

Den Backofen auf 190 °C vorheizen. Die Lammfleischmischung in eine große Auflaufform geben und die Tomatenscheiben darauf verteilen. Die Pasta abgießen, abtropfen lassen und in eine Schüssel geben. Joghurt und Eier zufügen und alles gut vermengen. Die Pastamischung auf der Fleischmischung verteilen. Im Ofen 1 Stunde backen. Sofort servieren.

Lasagne

Ofengerichte

Zutaten für 4 Personen

- 3 EL Olivenöl
- 1 Zwiebel, fein gehackt
- 1 Selleriestange, fein gehackt
- 1 Karotte, fein gehackt
- 100 g Pancetta oder Speck, fein gehackt
- 175 g Rinderhackfleisch
- 175 g Schweinehackfleisch
- 100 ml trockener Rotwein
- 150 ml Rinderbrühe
- 1 EL Tomatenmark
- Salz und Pfeffer
- 1 Gewürznelke
- 1 Lorbeerblatt
- 150 ml kochende Milch
- 400 g Lasagneblätter, ohne Vorkochen
- 50 g Butter, gewürfelt, plus etwas mehr zum Einfetten
- 1 Portion Béchamelsauce
- 150 g Mozzarella, gewürfelt
- 150 g frisch geriebener Parmesan

Béchamelsauce

- 2 EL Butter
- 1 EL Mehl
- 350 ml warme Milch
- Salz und Pfeffer

So geht's

Das Öl in einem Topf erhitzen. Zwiebel, Sellerie, Karotte, Pancetta und Hackfleisch zugeben und etwa 10 Minuten rundum braun anbraten.

Den Wein und zwei Drittel der Brühe zugießen, aufkochen und eindicken. Restliche Brühe und Tomatenmark zugeben. Salzen und pfeffern, Nelke, Lorbeerblatt und Milch zugeben. Abdecken und etwa 1½ Stunden köcheln lassen. Vom Herd nehmen, Nelke und Lorbeerblatt entfernen.

Für die Béchamelsauce die Butter in einem großen Topf zerlassen. Das Mehl einrühren. Die Hitze erhöhen, die Hälfte der Milch zugeben und weiterrühren, bis eine glatte Paste entsteht. Die restliche Milch einrühren, bis eine weiße Sauce entsteht. Mit Salz und Pfeffer abschmecken.

Den Backofen auf 200 °C vorheizen. Eine Auflaufform mit Lasagneblättern auslegen und eine Schicht Fleischsauce darauf verteilen. Eine Schicht Béchamelsauce darübergeben und mit je einem Drittel von Mozzarella und Parmesan bestreuen. In dieser Reihenfolge weiterschichten, bis alle Zutaten verbraucht sind; mit Béchamelsauce und Käse abschließen. Mit Butterwürfeln bestreut 30 Minuten im Ofen goldbraun backen.

Hühnchenlasagne

Ofengerichte

Zutaten für 6 Personen

- 2 EL Olivenöl
- 1 kg Hühnerfleisch, durch den Fleischwolf gedreht
- 1 Knoblauchzehe, fein gehackt
- 4 Karotten, gewürfelt
- 4 Porreestangen, in Ringe geschnitten
- 450 ml Hühnerbrühe
- 2 EL Tomatenmark
- Salz und Pfeffer
- 125 g frisch geriebener Gouda
- 1 TL Dijon-Senf
- 2 Portionen Béchamelsauce (siehe Seite 182)
- 125 g Lasagneblätter, ohne Vorkochen

So geht's

Das Öl in einer Pfanne erhitzen. Das Fleisch hineingeben, bei mittlerer Hitze 5 Minuten rundum anbraten und dabei mit einem Holzlöffel zerteilen. Knoblauch, Karotten und Porree zugeben und unter gelegentlichem Rühren 5 Minuten garen.

Hühnerbrühe und Tomatenmark unterrühren. Nach Belieben mit Salz und Pfeffer abschmecken. Aufkochen, dann die Hitze reduzieren, den Topf abdecken und das Ganze 30 Minuten köcheln lassen.

Den Backofen auf 190 °C vorheizen. Die Hälfte des Gouda und den Senf unter die heiße Béchamelsauce rühren. In eine große Auflaufform abwechselnd Hühnerfleischmischung, Lasagneblätter sowie Käsesauce schichten, zuletzt alles mit Käsesauce bedecken. Mit dem restlichen Gouda bestreuen und im Ofen etwa 1 Stunde goldbraun backen. Heiß servieren.

Hühnchen-Wildpilz-Lasagne

Ofengerichte

Zutaten für 4 Personen

- Butter, zum Einfetten
- 14 Lasagneblätter, ohne Vorkochen
- 3 Portionen Béchamelsauce (siehe Seite 182)
- 80 g frisch geriebener Parmesan

Hühnchen-Wildpilz-Füllung

- 2 EL Olivenöl
- 2 Knoblauchzehen, zerdrückt
- 1 große Zwiebel, fein gehackt
- 250 g Wildpilze, in Scheiben geschnitten
- 300 g Hühnerfleisch, durch den Fleischwolf gedreht
- 80 g Hähnchenleber, fein gehackt
- 125 g Parmaschinken, gewürfelt
- 150 ml Marsala (Süßwein)
- 300 g gehackte Tomaten aus der Dose
- 1 EL frisch gehacktes Basilikum
- 2 EL Tomatenmark
- Salz und Pfeffer

So geht's

Das Olivenöl für die Sauce in einem großen Topf erhitzen. Knoblauch, Zwiebel und Pilze zugeben und 6 Minuten andünsten. Hühnerfleisch, Leber und Schinken zugeben und 12 Minuten anbraten, bis das Fleisch rundum gebräunt ist.

Marsala, Tomaten, Basilikum und Tomatenmark einrühren und 4 Minuten kochen. Mit Salz und Pfeffer abschmecken, abdecken und 30 Minuten köcheln lassen. Durchrühren und weitere 15 Minuten köcheln lassen.

Den Backofen auf 190 °C vorheizen. Den Boden einer eingefetteten Auflaufform mit Lasagneblättern auslegen, eine Schicht Hackfleischsauce, dann eine Schicht Béchamelsauce daraufgeben. Mit einer Lage Lasagne bedecken, den Vorgang zweimal wiederholen und mit einer Schicht Béchamelsauce abschließen. Mit geriebenem Parmesan bestreuen und 35 Minuten im Ofen goldbraun backen. Sofort servieren.

Maritimer Spaghettiauflauf

Ofengerichte

Zutaten für 6 Personen

- 70 g Butter, plus etwas mehr zum Einfetten
- 350 g Spaghetti
- 200 g Räucherlachs, in Streifen geschnitten
- 300 g gekochte Riesengarnelen, ausgelöst
- 2 Portionen Béchamelsauce (siehe Seite 182)
- 125 g frisch geriebener Parmesan

So geht's

Eine große Auflaufform leicht mit Butter einfetten und beiseitestellen. In einem großen Topf leicht gesalzenes Wasser aufkochen. Die Nudeln darin 8–10 Minuten al dente kochen. Abgießen, wieder in den Topf geben und 60 g Butter gründlich untermischen.

Den Backofen auf 180 °C vorheizen. Die Hälfte der Spaghetti in die Auflaufform geben, mit Lachsstreifen abdecken und die Garnelen darauflegen. Mit der Hälfte der Béchamelsauce übergießen und mit der Hälfte des Parmesans bestreuen. Die restlichen Spaghetti, die restliche Sauce und den restlichen Parmesan darübergeben. Die restliche Butter auf dem Auflauf verteilen.

Den Auflauf 15 Minuten im Ofen backen, bis er eine goldbraune Kruste hat. Sofort servieren.

Rigatoni mit Thunfischfüllung

Ofengerichte

Zutaten für 4 Personen

- Butter, zum Einfetten
- 450 g Rigatoni
- 200 g Thunfisch aus der Dose, abgetropft
- 250 g Ricotta
- 125 g Crème double
- 200 g frisch geriebener Parmesan
- Salz und Pfeffer
- 125 g sonnengetrocknete Tomaten in Öl, abgetropft und in Streifen geschnitten

So geht's

Eine Auflaufform leicht mit Butter einfetten. In einem großen Topf leicht gesalzenes Wasser aufkochen. Die Rigatoni darin al dente kochen. Abgießen und zum Abkühlen beiseitestellen.

Unterdessen Thunfisch und Ricotta in einer Schüssel zu einer glatten Paste verrühren. Die Mischung in einen Spritzbeutel geben, die Rigatoni damit füllen und dann nebeneinander in die Form legen.

Den Backofen auf 200 °C vorheizen. Für die Sauce Crème double und Parmesan mischen und mit Salz und Pfeffer abschmecken. Über die Rigatoni geben, das Ganze kreuzförmig mit getrockneten Tomaten belegen. 20 Minuten im Ofen backen. In der Form servieren.

Drei-Käse-Makkaroni

Ofengerichte

Zutaten für 4 Personen

- 250 g Makkaroni
- 1 Ei, verquirlt
- 125 g frisch geriebener Pecorino
- 1 EL grobkörniger Senf
- 2 EL frische Schnittlauchröllchen
- Salz und Pfeffer
- 2 Portionen Béchamelsauce (siehe Seite 182)
- 4 Tomaten, in Scheiben geschnitten
- 125 g frisch geriebener Butterkäse
- 50 g Blauschimmelkäse, zerkleinert
- 2 EL Sonnenblumenkerne
- frischer Schnittlauch, zum Garnieren

So geht's

In einem großen Topf leicht gesalzenes Wasser aufkochen. Die Nudeln darin 8–10 Minuten al dente kochen. Abgießen, abtropfen lassen und in eine Auflaufform geben.

Den Backofen auf 190 °C vorheizen. Ei, Pecorino, Senf, Schnittlauch, Salz und Pfeffer unter die Béchamelsauce rühren. Die Sauce über die Makkaroni geben. Dann mit einer Schicht aus Tomatenscheiben bedecken.

Butterkäse, Blauschimmelkäse und Sonnenblumenkerne darübergeben. Den Auflauf auf ein Backblech stellen und im Ofen 25–30 Minuten backen, bis die oberste Schicht goldbraun und knusprig ist. Mit Schnittlauch garnieren und sofort servieren.

Tomaten-Ricotta-Makkaroni

Ofengerichte

Zutaten für 4 Personen

- 250 g Makkaroni
- 250 g Ricotta
- 1½ TL körniger Senf
- 3 EL frische Schnittlauchröllchen, plus etwas mehr zum Garnieren
- Salz und Pfeffer
- 200 g Kirschtomaten, halbiert
- 100 g sonnengetrocknete Tomaten in Öl, abgetropft und gehackt
- Butter oder Öl, zum Einfetten
- 100 g geriebener Gouda

So geht's

In einem großen Topf leicht gesalzenes Wasser aufkochen. Die Makkaroni darin 8–10 Minuten al dente kochen. Abgießen und abtropfen lassen.

Den Backofengrill vorheizen. Ricotta, Senf und Schnittlauch in einer Schüssel vermischen und gut mit Salz und Pfeffer abschmecken.

Nudeln, Kirschtomaten und getrocknete Tomaten einrühren. Eine Auflaufform einfetten. Die Makkaronimischung gleichmäßig darin verteilen und mit dem Käse bestreuen. Dann 4–5 Minuten unter dem Grill goldgelb überbacken. Mit Schnittlauch garnieren und sofort servieren.

Lasagne alla marinara

Ofengerichte

Zutaten für 6 Personen

- 1 EL Butter
- 250 g rohe Garnelen, ausgelöst und grob gehackt
- 450 g Seeteufelfilet, ohne Haut und gehackt
- 250 g Waldchampignons, gehackt
- 3 Portionen Béchamelsauce (siehe Seite 182)
- Salz und Pfeffer
- 400 g gehackte Tomaten aus der Dose
- 1 EL frisch gehackter Kerbel
- 1 EL frisch gehacktes Basilikum
- 175 g Lasagneblätter, ohne Vorkochen
- 80 g frisch geriebener Parmesan

So geht's

Die Butter in einem großen Topf zerlassen. Garnelen und Seeteufelstücke hineingeben und bei mittlerer Hitze etwa 3–5 Minuten garen, bis die Garnelen rosa werden. Die Garnelen mit einem Schaumlöffel in eine Schüssel geben. Die Pilze in den Topf geben und unter gelegentlichem Rühren 5 Minuten mitdünsten. Fisch und Pilze dann ebenfalls in die Schüssel geben.

Den Backofen auf 190 °C vorheizen. Die Fischmischung mit Flüssigkeit in die Béchamelsauce einrühren. Mit Salz und Pfeffer abschmecken.

Tomaten, Kerbel, Basilikum, Fischmischung und Lasagneblätter schichtweise in eine große Auflaufform geben, dabei mit einer Schicht Fischmischung abschließen. Gleichmäßig mit dem geriebenen Parmesan bestreuen. Im Ofen 35 Minuten goldbraun backen und sofort servieren.

Nudelauflauf mit Pilzen

Ofengerichte

Zutaten für 4 Personen

- 150 g Fontina, in dünne Scheiben geschnitten
- 2 Portionen Béchamelsauce (siehe Seite 182)
- 80 g Butter, plus etwas mehr zum Einfetten
- 350 g gemischte Wildpilze, in Scheiben geschnitten
- 350 g Tagliatelle
- 2 Eigelb
- Salz und Pfeffer
- 4 EL frisch geriebener Pecorino
- gemischter grüner Salat, zum Servieren

So geht's

Den Fontina in die heiße Béchamelsauce rühren und beiseitestellen.

In einem großen Topf 2 Esslöffel der Butter zerlassen. Die Pilze zugeben und bei schwacher Hitze unter Rühren 10 Minuten dünsten.

Unterdessen in einem großen Topf leicht gesalzenes Wasser aufkochen. Die Nudeln darin 8–10 Minuten al dente kochen. Abgießen, wieder in den Topf geben und mit der restlichen Butter, dem Eigelb und einem Drittel der Sauce verrühren. Mit Salz und Pfeffer abschmecken. Die Pilze gründlich untermischen.

Den Backofen auf 200 °C vorheizen. Eine Auflaufform einfetten und die Nudelmischung hineingeben. Mit der restlichen Sauce übergießen und mit Pecorino bestreuen. Den Auflauf 15–20 Minuten im Ofen goldbraun backen. Sofort servieren, zusammen mit dem Salat.

Spinat-Ricotta-Cannelloni

Ofengerichte

Zutaten für 4 Personen

- 12 Cannelloni
- Butter, zum Einfetten

Füllung

- 150 g magerer Kochschinken, gehackt
- 150 g Spinat, Tiefkühlware aufgetaut und abgetropft
- 125 g Ricotta
- 1 Ei
- 3 EL frisch geriebener Pecorino
- 1 Prise frisch geriebene Muskatnuss
- Salz und Pfeffer

Käsesauce

- 650 ml Milch
- 2 EL Butter
- 2 EL Mehl
- 80 g frisch geriebener Gruyère
- Salz und Pfeffer

So geht's

In einem großen Topf leicht gesalzenes Wasser aufkochen. Die Cannelloni darin 6–7 Minuten al dente kochen. Abgießen, abtropfen lassen und mit Küchenpapier trocken tupfen.

Für die Füllung Schinken, Spinat und Ricotta in eine Küchenmaschine geben und einige Sekunden mixen. Ei und Pecorino zugeben und nochmals mixen. Mit Muskatnuss, Salz und Pfeffer abschmecken.

Eine Auflaufform einfetten. Die Füllung mit einem Spritzbeutel in die Cannelloni einspritzen, die Cannelloni in die Auflaufform legen.

Für die Käsesauce die Milch stark erhitzen. Unterdessen die Butter in einem anderen Topf zerlassen. Das Mehl zur Butter geben und bei schwacher Hitze unter Rühren 1 Minute anschwitzen. Den Topf vom Herd nehmen und die heiße Milch langsam einrühren. Wieder auf den Herd stellen und unter ständigem Rühren aufkochen. Bei schwacher Hitze 10 Minuten unter Rühren köcheln, bis die Sauce eingedickt ist. Vom Herd nehmen, den Käse unterrühren und mit Salz und Pfeffer abschmecken.

Den Backofen auf 180 °C vorheizen. Die Cannelloni mit der Sauce übergießen und 20–25 Minuten im Ofen backen. Sofort servieren.

Agnolotti mit Gemüsefüllung

Ofengerichte

Zutaten für 4 Personen

- 2 Portionen frischer Pastateig (siehe Seite 12)
- Butter, zum Einfetten
- 80 g frisch geriebener Parmesan
- gemischter grüner Salat, zum Servieren

Füllung

- 125 ml Olivenöl
- 1 rote Zwiebel, gehackt
- 3 Knoblauchzehen, gehackt
- 2 große Auberginen, in dicke Stücke geschnitten
- 3 große Zucchini, in dicke Stücke geschnitten
- 6 Fleischtomaten, gehäutet, entkernt und gewürfelt
- 1 große grüne Paprika, gewürfelt
- 1 große rote Paprika, gewürfelt
- 1 EL Pesto rosso
- 1 EL frisch gehacktes Basilikum
- Salz und Pfeffer

So geht's

Für die Füllung das Olivenöl in einem großen Topf erhitzen. Zwiebel und Knoblauch hineingeben und unter gelegentlichem Rühren 5 Minuten bei geringer Hitze weich dünsten. Auberginen, Zucchini, Tomaten, grüne und rote Paprika, Pesto rosso und Basilikum zugeben. Nach Belieben mit Salz und Pfeffer abschmecken, abdecken und unter gelegentlichem Rühren 20 Minuten köcheln lassen.

Eine Auflaufform leicht mit Butter ausstreichen. Den Pastateig auf einer leicht bemehlten Arbeitsfläche ausrollen und mit einem runden Ausstechförmchen 7,5-cm-Kreise ausstechen. Auf jedes Teigstück einen Löffel der Gemüsefüllung geben. Den Rand leicht anfeuchten, die Teigstücke zusammenfalten und am Rand fest zusammendrücken.

Den Backofen auf 200 °C vorheizen. In einem großen Topf leicht gesalzenes Wasser aufkochen. Die Agnolotti – nötigenfalls portionsweise – darin 3–4 Minuten al dente kochen. Mit einem Schaumlöffel herausnehmen, abtropfen lassen und in die Form legen. Mit Parmesan bestreuen und im Ofen 20 Minuten backen. Sofort servieren, zusammen mit dem Salat.

Wildpilz-Cannelloni

Ofengerichte

Zutaten für 4 Personen

- 12 Cannelloni
- 4 EL Olivenöl, plus etwas mehr zum Einfetten
- 2 EL Butter
- 450 g gemischte Wildpilze, fein gehackt
- 1 Knoblauchzehe, fein gehackt
- 100 g frische Semmelbrösel
- 150 ml Milch
- 250 g Ricotta
- 6 EL frisch geriebener Parmesan
- Salz und Pfeffer
- 2 EL Pinienkerne
- 2 EL Mandelblättchen

Tomatensauce

- 2 EL Olivenöl
- 1 Zwiebel, fein gehackt
- 1 Knoblauchzehe, fein gehackt
- 800 g gehackte Tomaten aus der Dose
- 1 EL Tomatenmark
- 8 schwarze Oliven, entsteint und gehackt
- Salz und Pfeffer

So geht's

In einem Topf gesalzenes Wasser zum Kochen bringen. Die Cannelloni darin al dente kochen. Mit dem Schaumlöffel herausnehmen und mit Küchenpapier trocken tupfen. Eine Auflaufform mit Olivenöl ausstreichen.

Unterdessen für die Tomatensauce das Olivenöl in einer Pfanne erhitzen. Zwiebel und Knoblauch darin bei geringer Hitze 5 Minuten weich dünsten. Tomaten samt Saft aus der Dose, Tomatenmark und Oliven zugeben, alles gut verrühren und mit Salz und Pfeffer abschmecken. Aufkochen und 3–4 Minuten kochen. Die Sauce in die Auflaufform gießen.

Für die Füllung die Butter in einer Pfanne zerlassen. Pilze und Knoblauch darin bei mittlerer Hitze unter häufigem Rühren 3–5 Minuten dünsten. Die Pfanne vom Herd nehmen. Semmelbrösel, Milch und Öl in einer Schüssel mischen, dann Ricotta, Pilzmischung und 4 Esslöffel Parmesan unterrühren. Mit Salz und Pfeffer abschmecken.

Den Backofen auf 190 °C vorheizen. Die Cannelloni mit der Pilzmischung füllen und in die Form legen. Mit Olivenöl bestreichen und mit dem restlichen Parmesan, Pinienkernen und Mandelblättchen bestreuen. 25 Minuten im Ofen goldbraun backen.

Gemüselasagne

Ofengerichte

Zutaten für 4 Personen

- Olivenöl, zum Einfetten
- 2 Auberginen, in dünne Scheiben geschnitten
- 2 EL Butter
- 1 Knoblauchzehe, fein gehackt
- 4 Zucchini, in Scheiben geschnitten
- 1 EL frisch gehackte glatte Petersilie
- 1 EL frisch gehackter Majoran
- 250 g Mozzarella, klein geschnitten
- 650 g passierte Tomaten
- 175 g Lasagne, ohne Vorkochen
- Salz und Pfeffer
- 1 Portion Béchamelsauce (siehe Seite 182)
- 50 g frisch geriebener Parmesan

So geht's

Eine Pfanne mit Öl ausstreichen und erhitzen, bis Dampf aufsteigt. Die Auberginen darin portionsweise bei mittlerer Hitze 8 Minuten goldbraun rösten. Aus der Pfanne nehmen und abtropfen lassen.

Die Butter in einer Pfanne zerlassen und Knoblauch, Zucchini, Petersilie und Majoran darin bei mittlerer Hitze unter Rühren 5 Minuten braten, bis die Zucchini goldbraun sind. Aus der Pfanne nehmen und abtropfen lassen.

Den Backofen auf 200 °C vorheizen. Auberginen, Zucchini, Mozzarella, Tomaten und Lasagneblätter schichtweise in eine mit Öl eingefettete Auflaufform geben und mit Salz und Pfeffer abschmecken, mit einer Schicht Lasagneblätter abschließen. Mit der Béchamelsauce übergießen, dabei darauf achten, dass die Pasta ganz bedeckt ist. Mit dem geriebenen Parmesan bestreuen und 30–40 Minuten im Ofen goldbraun backen. Sofort servieren.

Register

leicht gemacht

In dieser Reihe erhältlich: